林 典子
Noriko Hayashi

フォト・ドキュメンタリー

人間の尊厳

――いま、この世界の片隅で

岩波新書
1471

リベリア内戦が終結し，UNHCR のトラックで避難先のギニアから帰還したばかりの難民の母子(2007 年 6 月，リベリア・フォヤ)

母子感染でHIVに感染したボンヘイ(8歳)．生まれつき耳が聞こえず，左目を失明している．意思疎通ができずに祖母の腕の中で暴れている(2009年11月，カンボジア・シェムリアップ)

約 20 年前，義母らからの借金を断り硫酸を顔にかけられたブシュラ・ハン(36 歳)．勤務する美容院で，開店前に身だしなみを整えている(2010 年 8 月，パキスタン・ラホール)

東日本大震災で大津波が襲った南三陸沿岸部．雨の中を歩く男性（2011 年 4 月，宮城県南三陸町）

止まれ

高校教師の男に誘拐され，その親族から花嫁の象徴である純白のスカーフを被せられそうになり，抵抗するディナラ(22 歳)．5 時間後，結婚を受け入れた(2012 年 10 月，キルギス・ナルイン州)

目　次

＊第3章、第4章に登場する人物の一部は、仮名にしている。

第1章　報道の自由がない国で——ガンビア

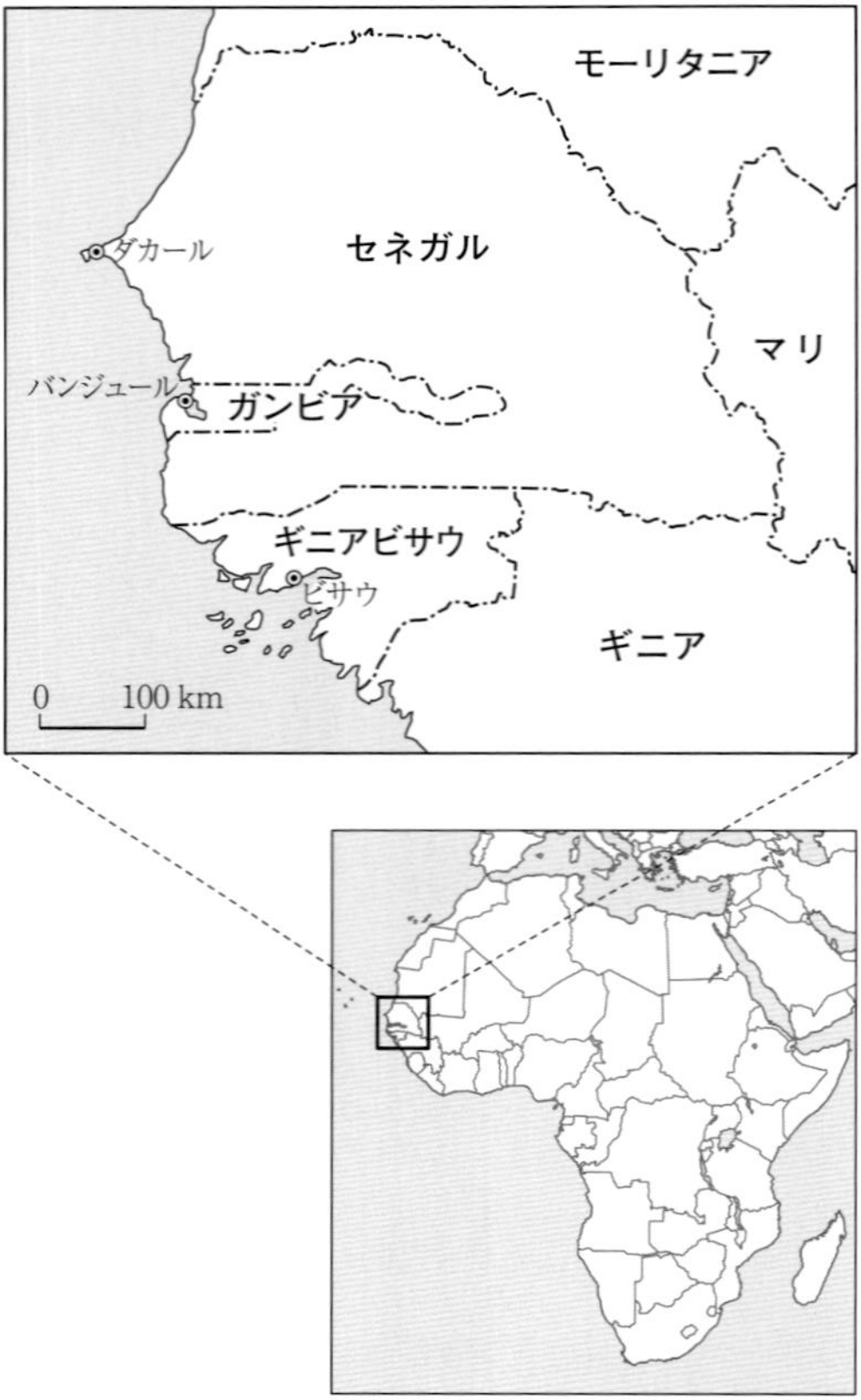
モーリタニア
ダカール
セネガル
マリ
バンジュール
ガンビア
ギニアビサウ
ビサウ
ギニア
0　100 km

貼り紙

「西アフリカ・ガンビア、研修参加者を募集！」

二〇〇六年一月、大学三年の春学期になったばかりだった。当時、私が留学していたアメリカ・ペンシルベニア州の大学の廊下に掲示されていた貼り紙が、偶然、目に入った。いつもは気にすることもない掲示板。しばらく足を止めた。

「アフリカ？　ガンビア？　どこだろう……」

友人とシェアしていた自宅へ帰り、早速インターネットで検索すると、アフリカの西の端にある、岐阜県ほどの面積のとても小さな国だということが分かった。

私はそろそろ就職のことを考えなくてはと思っていた。大学では国際政治学と紛争学を専攻しており、NGOや国際機関で援助や開発の現場に直接関わるような仕事がしたいと、漠然と思い描いていた。そのため、学生のうちに将来に活かせる実践的な経験をしたいと考えていた。

一週間後、思いきって日本の両親に電話で相談をした。するとこんな返事が返ってきた。

「何言ってるの。アフリカに行ってる場合じゃないでしょ。就職活動しなくていいの？　何でアフリカなんか行くの。危ないじゃない」

最初は反対されたが、数日間にわたって説得を続けたら何とか理解してくれた。

ガンビアでの研修は、教授の引率で行政機関を視察したり、他の学生たちと一緒に現地の大学でアフリカ政治について授業を受けたりするものだった。しかし、私はこのような視察や授業よりも、研修が終わった後に、現地のNGOや学校でボランティア活動を行い、将来の自分の仕事の方向性を探ってみたいと思っていた。

ガンビアへ

ガンビア共和国は周囲を大西洋とセネガルに囲まれた細長い国土で、人口一八〇万人ほどのアフリカ大陸最小の国だ。

一九六五年にイギリスから独立し、平均寿命は五四歳。国民の八〇%以上はイスラム教徒だ。治安は比較的安定しているが、約六〇%の国民が一日一ドル以下の生活を送っており、深刻な貧困問題に直面している。だが、この国で暮らす人びとは、自分の国を「スマイリーコースト」と呼び、その名の通り、人びとの笑顔で溢れた国だ。

二〇〇六年五月、早めの夏休みが始まると私たちは、アメリカからパリ、セネガルを経由し、ガンビアに向かった。研修は二週間ほど、首都バンジュール郊外にある唯一の総合大学、国立ガンビア大学を中心に行われた。

この研修に持参したカメラは、ニコンのフィルムカメラFM3だった。レンズは五〇ミリの単焦点が一つ。研修の一年ほど前、写真に興味を持って通った三日間の写真学校のコースの先生に、「初めて一眼レフを使うならＦＭ３がいいんじゃないかな」と言われて買ったのが、このカメラだった。その後このカメラを使ったのはたった一度だけ。フィルム交換の仕方もよく分かっていなかった。

研修に一緒に参加した学生の中に、サラという写真専攻の女の子がいた。最初の頃はフィルムを使い終わるごとに彼女にフィルムの交換を頼んでいた。目に映る色鮮やかなアフリカの民族衣装を着たガンビアの女性たちや、ハイビスカスなど花の写真を撮るのが楽しかった。

研修中、ガンビア大学での講義以外に、国会の傍聴、ガンビアの主な輸出産業である落花生工場の見学、首都から車で四時間ほどの場所にある農村への視察などを行った。

ガンビアでは一九九四年に軍事クーデターが起き、ヤヤ・ジャメ大統領が政権に就いて以降、二〇年以上におよぶ独裁政権が続いている。

国際人権団体などは、ジャメ大統領が政権に批判的な人物へ拷問や違法逮捕といった人権侵害を日常的に行っているとして、厳しく非難している。近年は大統領自身が「同性愛者を国外追放か打ち首にする」と宣言したほか、国家ぐるみで「魔女狩り」が行われ、多くの住人が警察や軍隊に連行され、拷問が行われたという報告がある。

このような状況を受け、海外の政府援助機関がガンビアを支援適格国から除外することもあった。

研修終了後

私は他の学生との研修を終えた後に、帰国を七月まで延長することを決めていた。アメリカを出国する前に、大学の教授に頼み込んで、私の帰国のチケットだけ二ヵ月遅らせてもらっていた。この国の姿を、現地の人たちと一緒に生活しながら見てみたいと思っていたからだ。

研修を終え、どのような活動をするか真剣に考え始めた。ガンビアには日本大使館もなく、頼れる伝手がまったくなかった。しかし、当時ガンビアにとって最も外交関係が良好な国の一つが台湾で、経済支援も非常に多いことを研修中に知ったため、台湾大使館に連絡してみることにした。

電話に出たのは、大使の秘書のルーさん。日本人だと告げると珍しいからか、とても丁寧に対応してくれ、「いつでも来ていいですよ」と言ってくれた。タクシーで大使館に着くと、中は壁も床も大理石で、外の貧しさとは対照的な世界が広がっていた。ルーさんは、「びっくりしたよ。こんな小さな国で突然日本人の女子学生から電話がかかってきたんだから」と笑った。

私はさっそく、援助機関かＮＧＯを紹介してくれないかとお願いした。しかし、台湾のＮＧ

Oはガンビアで活動していなかったため、かわりにバンジュールにあるWFP(国連世界食糧計画)の事務所に勤務する日本人女性に電話をし、私のことを紹介してくれた。

翌朝、私は国連の事務所で職員に会い、ボランティアでもインターンでもいいので現地のNGOや教育現場で活動したいと伝えた。今思えば、こういう学生がやってくるのは、かなり迷惑だったはずだ。それでも同じ建物で働く他の職員たちに相談してくれ、その日のうちに、いくつかの団体の連絡先を紹介してくれた。

紹介された団体に次々と電話し、訪ねられる所はすべて行き、活動内容を聞いた。そしてたどり着いたのが、Shelter for Children(子どもたちのためのシェルター)という児童虐待の問題に取り組むNGOだった。ここの紹介で、私は翌日から週二回、現地の小学校で教師のボランティアをすることになった。

私が担当したのは英語の授業。初めて見る日本人に子どもたちは興味津々で、「英語はいいから日本語を教えて」という。黒板に自分の名前を漢字とひらがなで書いただけなのに、「わぁ」と手をたたいて歓声をあげた。

そしてもう一つ、私は、地元の新聞社も訪ねてみた。

紹介されたリストには載っていなかったが、国のことを知るには、新聞社で働かせてもらえばいいのではないかと思ったからだ。ただ、それだけではなく、この国のジャーナリストの仕事に興味が湧いたのには、研修中のある出来事が関係していた。

厳しい報道規制

研修中のある日、外国人旅行者で賑わうビーチリゾートとして知られる地区のホテルで開かれたAU（アフリカ連合）の人権問題についての会議を傍聴した。

この会議が閉会する直前、出席していたガンビア人のジャーナリストが突然立ち上がり、国外のAUの委員に大声でこんなお願いを投げかけたのだ。一〇〇人ほどの出席者がいた場内が、静まり返った。

「あなたが今、ここにいるからこそ、直接お願いしたいのですが、この国ではジャーナリストの権利が今も脅かされています。ジャーナリストの権利を守るための活動的なネットワークを作っていただきたい」

突然の申し出に対し、委員はこう答えた。

「協力したいという気持ちはあります。ですが、その前にNGOなどと協力して、どのようにそのネットワークを運営していくか、案を作成して提出していただけたらと思います」

ガンビアは、憲法で言論・思想・報道の自由が保障されている。さらにバンジュールには、アフリカ人権委員会の本部が設置され、政府による人権侵害などの不法行為について国際条約、国際法に基づいて判断が下されることになっている。しかし、ジャメ大統領が政権に就いて以来、政府の方針に反する記事を書いた多くのジャーナリストが逮捕、拘束、国外追放されるなど、政府とメディアの間に緊張感が張りつめていた。

私が訪れた前年の二〇〇五年には、ＮＧＯ「国境なき記者団」が発表した「報道の自由の敵ブラックリスト」にも、ジャメ大統領の名前が掲載されていた。報道規制があることはガンビアに来る前から知っていたが、そのような環境の中で現地のジャーナリストたちはどんな思いで仕事をしているのか、この出来事をきっかけに強く関心を惹かれたのだ。

The Point

ガンビアで発行されている日刊の新聞は二紙だけだ。政府系の新聞社 Daily Observer《デイリー・オブザーバー》と、独立系の The Point《ザ・ポイント》。その他に、週に二、三度発行される、同じく独立系の Foroyaa《フォロヤ》などの新聞もある。
私は The Point で働きたいと思ったが、当時は新聞社で働くための経験も知識もなかった。ガンビアの新聞は公用語の英語で発行されているが、記事をすらすら書く自信もなく、とりあえずは編集長に会ってもらおうとバンジュール中心部にある新聞社に向かった。
The Point のオフィスに到着すると、不安を打ち消すため何も考えないようにして中に入っ

The Point
ON TUESDAY
GS Aviation Takes Over GIA
IEC Chairman Appears in D6M Forgery Case
Today is Judgement Day in Journalist Lamin Fatty's Trial
Jammeh Gives US$5,000 to Each U-20 Player
Promises to Send Fans to Canada
Senegalese Legislative Election Register Very Low Turnout
EDITORIAL - The Liberian Example - P2
The Bite - A Tragic Weekend for Africa - P4
AFRICELL
VOICE MESSAGE SERVICE
Allows you to directly leave a Voice Message to another Africell number

FOROYAA
(FREEDOM)
FOROYAA QUOTE
Know Yourselves, Know Your Country, And Know The World Then You Shall Be The Architect Of Your Own Destiny
Editorial
GAMBIANS ABROAD SHOULD BECOME FULLY ENGAGED WITH THE COUNTRY
PA SALLAH JENG TESTIFIES
NEW CHARGES AGAINST FATOU JAW MANNEH
INTERVIEW WITH HALIFA SALLAH
AZIZ TAMBA AND CO JAILED FOR 14 YEARS
SMS 2 E-MAIL
Now with your Africell Line, you can Send E-MAILS From your Mobile
AFRICELL

ガンビアで発行されている独立系新聞
The Point（左）と Foroyaa（右）

た。最初の部屋では、デスクに向かって四人ほどの記者が取材ノートを見ながら手書きで記事を書いていた。奥の部屋では、打ち込み専門のスタッフがパソコンに記事を入力していた。

突然の日本人の訪問に驚いたようだったが、とても温かく迎えてくれ、近くにいた男性記者は「もしかして、レポーターになりたいの？　ここで働きなよ！」と声をかけてくれた。

新聞社で働きたいと思ってここにやって来たが、実は、必ずしも記者になりたいと思っていたわけではなかった。私は「そんな簡単に働けないと思うのですが、編集長に会うことはできますか」と尋ねると、その記者は「もちろんだよ」と軽く返事をして、奥に通してくれた。

編集長のポップ・セインは、大きい背もたれのある椅子に腰かけ、とても威厳があった。そして、無愛想だった。その表情を見た瞬間に「もう駄目だ」と半分諦めた。ただ、せっかくここまで来たので、まずは簡単に自己紹介を済ませ、「ここで働きたいんですけど……」と単刀直入にお願いした。

無表情の編集長は、「で、君は、ここで何ができるの？」と尋ねてきた。「何もできない、どうしよう」と思ったが、記事を打ち込むスタッフがいたのを思い出し、「パソコンだったら速く打てます。写真も撮れると思います。カメラ持っているので」と、言葉が勝手に出て来た。すると、編集長の表情は柔らかくなり、「じゃあ副編集長のサワネを紹介するから、明日から記者と一緒に取材に行ってください」と返してくれた。この時、すでに笑顔になっていた。

写真が撮れるといっても、一般的な大学生と変わらないレベルだ。ただ一眼レフのカメラを持っていただけだった。写真の奥深さなどまったく分かっていなかった私は、正直、「ちゃんと写っていればいいんでしょ」と、甘く軽く考えていた。それよりも記者たちと一緒に各地を回って、今までに見たことのないガンビアの人びとの暮らしを見て回れるのが楽しみだった。

緊迫したメディア状況

The Point は、編集長のセインと友人のデイダ・ハイダラが一九九一年一二月一六日に立ち上げた。フランスのＡＦＰ通信の特派員でもあったハイダラは、担当していた“Good Morning Mr. President”（おはよう、大統領）というコラムで、政権与党に対してたびたび厳しい姿勢を示していた。

発刊からちょうど一三年目の二〇〇四年一二月一六日の夜、ハイダラは運転する乗用車の後を追ってきたナンバープレートのないタクシーから何者かによって銃撃され、殺害されるという事件が発生した。警察の兵舎からわずか一〇〇メートルしか離れていない場所だった。

ハイダラは暗殺前日の一二月一五日、メディアに対する厳しい規制を定めた法律を議会が可決したことを批判し、メディアが団結して法律に反対する必要性を訴えていた。また、殺害の一週間前には、「そのうち殺されるかもしれない」と友人に漏らしていたという。

背景には政治的な意図があるとされ、政府は捜査を怠っていると非難されている。The Point の一面の題字の脇に毎日印刷されている、ハイダラの写真と「誰がデイダ・ハイダラを殺害したのか?」という一文を見るたびに、ガンビアのジャーナリズムの緊迫した状況を感じさせる。

二〇〇六年三月二八日には、ガンビアで最も政府に批判的だった新聞 The Independent《ジ・インディペンデント》が、政府の圧力で発行禁止になった。その二年前には、武装した集団が同紙の印刷所を襲撃し、室内に社員がいるにもかかわらず放火して負傷させ、印刷機が破壊されたこともあった。発行禁止に伴い、数名の記者が The Point に移って来ていた。

The Point の印刷は、オフィスと同じ敷地内にある物置のような小さな建物の中で行われる。

印刷機は一台。一人の技術者が一晩かけて印刷し、翌朝全国に新聞が配られていく。夜になると新聞社に雇われた警備員たちが一〇人以上やってきて、朝まで作業を見守っている。

初めての取材

セインと面談した翌日、私は、アメリカ東海岸の都市アナポリスのロータリー財団がガンビア大学に二五〇台の自転車と教科書五〇〇冊を贈呈するセレモニーを取材した。これがThe Pointでの最初の取材になった。記事を書いたのは一緒に取材した記者だったが、二日後に掲載された記事の中に、私の名前も入れてくれた。

ガンビアの行事の中で最も盛大なイベントとも言われる「ルーツフェスティバル」の取材にも同行した。ガンビアは、アフリカ系アメリカ人作家アレックス・ヘイリーの小説『ルーツ』の舞台であり、これを記念した盛大なパーティが、高級ホテルの庭園で催されたのだ。フェスティバルにあわせ、自分たちの「ルーツ」を求めて多くのアフリカ系アメリカ人がガンビアを訪れていた。パーティには各国からの招待客や富裕層など五〇〇人以上が参加し、女性たちは色鮮やかな美しい民族衣装で着飾っていた。豪勢な料理や、舞台の上で繰り広げられるダンスパフォーマンス、ファッションショーなど、とても華やかな夜だった。

同時に、アフリカの激しい貧富の差を意識せずにはいられなかった。すぐ近くの街では、電灯のない夜道を裸足で走り回っている多くの子どもたちがいた。

その後も取材に出かけて行き、時々、人手が足りない時には記者たちが書いた手書きの記事をパソコンに打ち込む作業も手伝った。

記者の日常

報道・言論の自由が制約されているガンビアのジャーナリズムだが、The Point の社内の雰囲気はとてもアットホームだった。約二〇人の記者がいるが、手が空いたスタッフたちは裏庭で甘いグリーンティを入れながら、何時間もおしゃべりをして暇をつぶす。

毎日、昼になると魚の煮汁で炊いた「チェブジェン」という米料理や、キャベツやにんじん、スイートポテトなどの野菜が入ったピラフのような「ジョロフライス」入りの大きな器が、オフィスに届けられた。

私は記者たちとその器を囲み、みんなと一緒に素手でご飯を食べるのが楽しみだった。ただ、一〇人以上の大人が食べるには十分な量ではなく、皆、互いに気を遣っていた。数時間もすればすぐにお腹が空いてくる。夕方、取材先から帰ってくる記者たちが道路脇になっていたマンゴーを採って、オフィスに持って来てくれた。また、オフィスは停電になることが多く、真夏の暑い時には扇風機がよく止まり、記者や編集者たちは暑さと戦いながら、仕事をしていた。

社員記者たちの月給は約一八〇〇ダラシ(約五四〇〇円)。記者になったばかりの二〇歳の女性の月給を聞いたら二〇〇〇ダラシ(約六〇〇〇円)だと話していた。ほとんどの記者たちはコンパウンドというトイレと風呂が共同の安い集合アパートで生活していた。家賃は月に三五〇ダラシほど。日常生活品の物価は比較的安いが、ジャーナリストたちの給料は決して高いものではなかった。

ある日、記者のアラジ・ン・バイが私にこう語りかけた。

「ガンビアではね、ジャーナリストというのはお金のためにやっているのでは絶対に成り立たない。日本のことは分からないけど、ジャーナリストはこの国では尊敬されることもないんだよ。それでも仕事にやりがいを感じているから続けているんだよ」

二四歳の彼は、高校卒業後すぐに新聞社に就職し、今年で記者六年目になるという。ガンビアではジャーナリズムを専門に学ぶことのできる学校や教育の場は、ほとんどない。時々セミナーが開催されるくらいだ。経験を積むことで能力を高めている。

私はアラジの話を聞き、それまで何がやりたいかも分からずに就職活動を気にしていた焦りが、とても小さなことのように感じられた。その一方で、彼らが自分の仕事の意義を見いだし、情熱を持って打ち込んでいる姿が羨ましかった。

ガンビアの現実

滞在期間中に私が出会った多くのガンビア人は、アメリカが好きだと言っていた。ある日、宿泊していた小さなゲストハウスの警備員が、「僕はアメリカに行きたいんだ。君はどう思う?」と聞いてきた。私は「どうだろう。アメリカは政治が……」と話し出そうとしたが、彼はすぐに、「政治なんてどうでもいいんだ。僕はただ金を稼ぎたいだけなんだ。だからアメリカに行きたいんだ!」と遮った。

生きていくためにお金を稼ぐことが最大の関心事で、自分が暮らす国や社会のことを気にかける余裕はない。多くのガンビア人が、報道の自由や表現の自由といった政治的な問題に関心を持っていなかった。ガンビアの経済状況で、新聞一部の値段が日本円で約三〇円というのは決して安くはない。一般の人びとが新聞を毎日購入するのは難しい。当時はインターネットも普及しておらず、検閲もあるため伝わる情報は限られている。そのために、国際情勢はもちろん、国内事情に精通しているガンビア人は少ない。汚職や人権問題、政治について熱く語るのは、一緒に仕事をしていたジャーナリストや高等教育を受けてきた人たちばかりだ。

時間があると私の話し相手になってくれていた警備員たちは、一日中、ゲストハウスの門の前でグリーンティを作っていた。ある日、通りかかったイギリス人の女性が「私は本当にガンビアが大好きよ。だってみんなが幸せそうなんだから」と話しかけてきた。

その直後、警備員の一人が私に、こうつぶやいた。

「僕たちは、ちっとも幸せじゃないよ。ただそのふりをしているだけなんだ。一日何もすることがなくて、ちゃんとした仕事もない。こうやってグリーンティを作るだけの毎日を送っているんだ。これしかすることがないんだよ」

その後の取材

その後、私は六月末から開かれたAUサミットなどを取材した。

AUは二〇〇二年の発足以来、人権の向上を優先課題としていたため、サミット開催中は女性や難民の権利、言論の自由などに対して、メディアの関心が高まった。ガンビア報道組合とアムネスティー・インターナショナルは合同で記者会見を開き、報道の自由について国際社会との協力を積極的に行っていくという声明を発表した。

その一方で、アフリカ各国のメディアが参加して二日間にわたり行われる公開討論会が、ガンビア政府によって急遽中止された。さらに、各国の大統領が訪問していた数日間は、国民の休日とし、新聞社を含むすべての公共機関の業務が停止された。記者の一人は、「世界中から国の代表やジャーナリストたちが訪れている間に、ガンビア政府の批判を書かれるのは都合が悪いから新聞社の営業を妨げたのだ」と主張した。

また、地元のサッカー試合から最高裁判所での裁判、アフリカ各国のミュージシャンが集まったコンサート、卓球のガンビア代表選手なども取材した。

取材を通して、また、行動をともにした記者たちとの会話の中から、ガンビアの状況を徐々に理解することができた。

帰国、そして再びガンビアへ

七月、私は日本に帰国した。九月からの秋学期は休学し、東京でアルバイトをしながら、再びガンビアへ行くための費用とデジタルカメラを買うための資金を稼ぐことにした。

ガンビアで撮影した写真を日本でプリントして気づいたのは、カメラがあったから、そこに暮らす人びとの文化や生活に接することができたということだった。

写真にも関心を持つようになり、書店や写真展などに足を運び、ドキュメンタリー写真家やフォトジャーナリストと呼ばれる人たちの写真を見るようになった。

私は、特定の写真に衝撃を受けて写真に興味を持ったり、好きな写真家が誰かと言えたりするほど、写真のことを知っていたわけではなかった。ジャーナリストを目指したことも、写真家になりたいと思ったこともなかった。

二〇〇七年一月、大学の春学期が始まると復学し、五月の夏休みに再びガンビアを訪れた。

今回持参したのはデジタルカメラのニコンＤ80。当時、同じニコン製品でもっと性能の良いカメラもあったが、学生の私がアルバイトで貯めたお金ではとても買えなかった。結果的にこのカメラで十分だった。

約一年ぶりに訪れたThe Pointの記者たちは、再び私を快く迎えてくれた。今回は、前回より積極的に写真を撮影した。日本の新聞と比べると紙質はかなり悪く、印刷はモノクロで、インクが濃すぎて写真が真っ黒になることもある。それでも少しでもいい写真を撮ろうとスポーツイベントやインタビュー取材、ビューティーコンテストなど、何でも必死に撮影をした。

ジャスティス

毎日の仕事が終わった後や休日にも、記者たちと過ごす時間が多かった。

特に、三〇代の記者モモドゥ・ジャスティス・ダボは、ガンビアのメディアやジャーナリズムについて、本音で私に話をしてくれた。

ある日、仕事の後に会社から随分離れた小さなカフェに誘われた。

彼は「聞いて欲しいことがある」と、ガンビアのジャーナリズムについて話し始めた。

「本当はね、書きたいのに書けないことがたくさんあるんだよ。The Pointで書いている記事なんかほんの少しで、それ以外の記事は全部アメリカに送っているんだ」

ガンビアからアメリカに亡命した、パー・ンデリー・ンバイというジャーナリストが立ち上げた、オンライン新聞 Freedom Newspaper《フリーダム・ニュースペーパー》のことだった。

ンバイはかつて The Point の記者でもあった。亡命先のアメリカで立ち上げたこのオンライン新聞で、ガンビア政府のスキャンダルや汚職、人権問題に関するニュースなど、国内では報道できないニュースを発信している。ジャスティスの他にも数人のガンビア在住の記者たちが、取材した内容をアメリカに送っているということだった。

もちろん掲載記事はすべてペンネームで書かれている。ジャスティスは「本当に命がけで、記事を送っていることが政府に知られたら、逮捕どころでは済まされない」と言うと、私に携帯電話を見せてくれた。その画面には、次のような受信メッセージが残っていた。

「何をしているのかすべて分かっている。気を付けておけ。調子にのるな」

最初は私を驚かすために自分で打ち込んだのではないかと思い、疑ってジャスティスの顔を見上げたが、真剣な顔をして、目が合うと視線を落とした。

「誰から送られたか分からないの？」と私が尋ねると、ジャスティスは「もう分かっている」と答えた。そして、しばらく沈黙が続き、「でもね、こんなことはどうでもいいんだよ。別に捕まったって、殺されたって、まったく構わない。ただ、ガンビアから独立系のメディアがなくなってしまうことだけは絶対に避けたいんだ」と小声で、しかし、力強く言った。

ジャスティスの目には涙が溜まっていた。

ジャスティスがFreedom Newspaperに記事を送っていることをThe Pointで知っていたのは、同僚で親友のアラジと、私だけだった。アラジ自身もFreedom Newspaperに情報を送っていた。二人はよく、The Pointのオフィスから記者たちがいなくなると、数台のパソコンが置かれた小さな部屋にこもり、こっそりと記事を書いていた。

ジャスティスは書いた記事をいつも持ち歩いているUSBメモリーに保存し、近くのインターネットカフェから、記事をアメリカに送信していた。ジャスティスのUSBに保存されている記事がメールにうまく添付できず、慌てて私を呼びに来たこともあった。

「もっとパソコンの使い方を勉強しないと……」。こんなことをジャスティスが笑いながら話していたのを覚えている。今思えば、突然やってきた日本人の学生である私を、よくここまで信用してくれたと思う。

ある日、ジャスティスはこう話しかけてきた。

「ガンビア人の平均寿命を知っている？　五〇代半ばなんだよ。僕の人生もあと二〇年だと思うと、やりたいことを実行していかないと。すごく焦るんだ」

二〇代前半で就職し、六〇代まで会社に勤め、その後はのんびり老後を過ごす。そんな人生を思い描いていた私には、衝撃だった。

「五〇〇ドルあれば」

そしてもう一人、私が親しくしていた The Point の記者がいた。いつも小さなラジオを手に持って耳元で慎重にニュースを聞いていたハビブ・シセイだ。

二〇〇六年に政府によって閉鎖された The Independent の記者だったハビブはある日、閉鎖して一年以上使われていない、かつてのオフィスの跡地へ私を連れて行ってくれた。

敷地を取り巻く外壁は、長い間手入れがされず草木で覆われていた。そのため、中に建物があることさえ分からない。入り口の扉は頑丈な鎖で固定され閉められていたが、ハビブも私も体格が大きくないため、三〇センチほどの隙間から、体を横にして敷地内に入ることができた。平屋の建物はまだ残されていたが、窓はクモの巣だらけで、玄関の白い鉄格子には枯れた草が絡まっていた。床の上には懐中電灯や飲みかけのペットボトルがまだ残されていた。

そこでハビブは、こんなことを熱く語りだした。

「経済的に余裕があったら、家でもなく、車でもなく、新聞社を作りたいんだ。ガンビアでは五〇〇ドル(約五万円)あれば新聞社を設立できるんだよ」

そして、「たとえ一日で潰されてもいいから、書きたいことを全部書くんだ」と続けた。

The Point の社内で記者たちは、政治的な話をあまりしていなかった。個人的な意見を交わすことは、あえて避けているように感じられた。ハビブは真面目そうに「もしかしたらね、The Point にもスパイがいると思うんだ。でもね、僕は自分の意見はどこにいてもはっきり言うんだ」と話すと、怪しいと思う社員の名前を挙げていった。

「僕はふざけているんじゃない。いつか殺されるかもしれない、捕まるんじゃないかって思うけど、全然構わないんだ」

数日後、私はインターネットカフェで、ハビブの名前を検索した。今はサイトがなくなってしまっているが、当時はそれまでにハビブが書いてきた記事をたくさん見ることができた。その多くが、政府の汚職についてや、ガンビアのジャーナリストたちが直面している厳しい現実を切実に訴えたものだった。こんな記述もある。

「私は、メディアの中で、ある種の奴隷化が進んでいることに関心を持っている。ジャーナリストたちがいいように利用されているのだ。私たちは搾取と奴隷化を進めるメディアの責任者たちについて、調べなければならない」

当時、ハビブは二〇代半ば。いま、私が当時のハビブやジャスティスが置かれていた状況を振り返って思うのは、彼らがどんなに孤独だっただろうかということだ。

献身的に取材をしても、報道規制のあるこの国では特定の内容の記事は掲載することはできない。それでも強い信念を持って自分のスタイルを変えることなく、取材活動を続けていた。

売春街

私は何度かハビブに連れられて、街に点在する売春宿を訪ねたことがある。

「まずは、よく観察するんだよ。写真はまだ撮っちゃだめ、分かるよね?」

ガンビアの売春宿にはさまざまな女性たちがいた。ナイジェリアから人身売買で連れてこられた一〇代の姉妹もいた。ヨーロッパでいい仕事があるからと親戚に騙され、途中で立ち寄ったのだと思っていたガンビアで、売春を強いられていたのだ。

ガンビアには西アフリカ諸国の女性や子どもたちが人身売買で連れてこられ、また、ヨーロッパ諸国への中継地点にもなっていることが知られている。ハビブはこうした現状を私に知らせるために、一緒に歩き回ってくれた。

ある夜は、市の中心部から乗り合いバスで三〇分ほどの小さなレストラン・バーにつれて行かれた。一五人ほどの男性客が音楽に合わせて所々でダンスをしたり、食事を取ったりしている。奥のドアから裏庭に出ると、大柄な男の店員が二人立っている。その先には幅二メートル、長さ二〇メートルほどの通路があり、両脇にそれぞれ五部屋ほどの狭い個室が並んでいた。

「今夜はとりあえず話を聞くだけにして、写真は明日にしよう。ここで生活する人たちが起きる昼ごろに、戻ってこよう。みんなリラックスしているし、ゆっくり話ができるから。その時に今後どう撮っていくか、ゆっくり考えればいい」

翌日の昼前に、私たちは再びその売春宿を訪れた。起きて来た女性たちが各々の住まいの部屋の前で雑談をしながら洗濯をしていた。確かにリラックスし、食事まで出してくれた。

数時間前までガンビアの闇社会の縮図のような雰囲気だった場所は、穏やかな平凡な日常を取り戻したかのように見えた。しばらくすると緑色の制服を着た小学生の女の子たちが、カバンを持って駆け寄って来た。「お母さん、ただいま！」。この地区に住んでいる子どもたちだ。母親が夜働いている間は、隣接する建物の中で寝ている。ハビブは「ここに暮らす子どもたちにとって、売春が身近な日常になっている。子どもにとっては最悪の環境だよ」と話した。

別の売春宿では、取り締まるはずの警察官たちが売春を斡旋し、ビジネスに加担していた。ハビブは見て回るだけではなく、取材も試みていた。何ヵ所か訪れた売春宿の雰囲気に応じて、アプローチの仕方を分けていた。すぐに取材を始めることもあれば、記者だと名乗らず様子を見るだけ、あるいは、時間をかけながら進めて行く場合など、どれも冷静に対応していた。

貧困、女性問題、児童労働、人身売買、教育問題……。今思えば、売春宿を切り口にガンビア社会を色々な視点から取材し、ストーリーとして伝えることができたはずだった。しかし、当時はハビブの後ろに何とか付いて歩くのが精一杯だった。それでも、学んだことは少なくなかった。

寄稿

六月中旬、滞在が残り少なくなってきた頃、ハビブやジャスティスたちのメディアに対する思いを何とか記事にできないかと思うようになった。

英語で記事を書くという慣れない作業は、気の遠くなるような思いがしたが、日本人だからこそ、ガンビア人の記者たちの懸念を書けるのではないかと思った。

新聞に掲載できるか分からなかったが、滞在していたゲストハウスの部屋に数日こもり、必死にこれまでの記事などを読みあさった。ノートパソコンを持って行かなかった私は、何度もインターネットカフェに通い、新聞一ページ分ほどの記事を書き終えた。

前年の滞在で知り合った、アフリカ人権委員会に勤務するコートジボワール人の友人にアドバイスをもらい、The Point のサワネ副編集長に記事を見せたが、掲載は難しいと言われた。もちろん理解できた。記事を書いたのは私だが、掲載するのは新聞社だ。

同僚の記者に紹介され、もう一つの独立系新聞社 Foroyaa へ向かい、サム・サー編集長に記事を見せた。とても丁寧に対応してくれ、記事をチェックしてくれた。そして、こう言った。

「ガンビアにしばらく来られなくなってもいいですか？　六年くらいは入国できなくなるかもしれない。それでもいいならこの記事を是非掲載させて欲しい」

Page 12 FOROYAA 18 - 19 June 2007

FEATURE

NOTES ON PRESS FREEDOM IN THE GAMBIA

By Noriko Hayashi

From 3-6 June 2007, South Africa opened the 60th Annual World Association of Newspaper (WAN) Congress and the 14th World Editors Forum (WEF). This is the first time Africa is hosting this auspicious event.

South Africa is a country with great influence not only in the African continent, but also all over the world in terms of her worldwide awareness of racial discrimination through the abolition of apartheid.

Furthermore, because South Africa succeeded in fighting apartheid, the country has become one of the champions in protecting freedom of expression and the independence of the press.

According to an independent African News Agency, Afrol News, during the event, more than 1,600 journalists from 109 countries held several meetings concerning freedom of the press.

The President of South Africa, Thabo Mbeki, warned journalists to avoid "negative type-casting of Africa", while speaking at the opening of the event at the Capetown International Convention Centre.

He is reported to have been applauded when he challenged President Jammeh for restricting the media in the country.

Furthermore, Trevor Ncube, the President of the National Association of Newspapers in South Africa, quoted President Jammeh as out to violate the rights of journalists by saying, "the whole world can go to hell".

Mr Ncube criticized President Jammeh for what he regarded as creating a hostile environment for the independent media in The Gambia, which has resulted to the closure of media houses and the self-exiling of journalists.

Now, as a member of a democratic state in a global society, the Gambia government has a responsibility to accept constructive or objective criticism. Given the development of information technology in international community, even small news in the smallest country in Africa could easily be spread all over the world.

Gambian authorities should be aware of the fact that the international community is witnessing the harsh treatment journalists are receiving, arson attacks, and detention without trial. The killing of Deyda Hydara is still unexplained, while the arrest, detention and disappearance of some journalists continue unabated. Such atrocious acts taking place in one of the smallest countries in Africa constitute serious concern to the international community.

The following are some questions that keep resonating in the hearts and minds of people in The Gambia and beyond.

Why are some media houses attacked by arsonists?

Why is the government closing down media houses such The Independent, Sud FM Banjul and Citizen FM?

Not only the Gambian society but also the international community is waiting for the re-opening of the aforementioned media outlets.

Why have many journalists been arrested without any formal charge? Another case in point is that of Musa Saidykhan, former editor of the Independent newspaper who was arrested and is now in self exile.

What about Ebrima Manneh, the State House reporter of the Daily Observer, who has gone missing for almost a year now after his reported arrest on 7 July 2006?

Why has the government concluded the investigation of the brutal shooting to death of Deyda Hydara, the former managing editor of The Point newspaper and treasurer of the West African Journalists Association (WAJA).

Why are journalists such as Lamin Fatty subjected to harassment? (Who was facing trial for almost one year?)

The Human Rights Community is monitoring all these happenings in The Gambia. Despite the fact that the Gambian Constitution, in its Chapter 25, guarantees the protection of fundamental rights and freedom of speech, of expression, and of the press, the naked violation of that clause or chapter of the constitution continue to take place under the eyes of the whole world, as what obtains in The Gambia is constantly mirrored from the outside world. It should not just be like a white paper inked with black pen written "democracy". The constitution of the land must be fully respected.

Moreover, hosting the headquarters of the African Commission on Human and Peoples' Rights, The Gambia should have a great role to play in contributing to the promotion and protection of human rights issues within the whole continent.

However, because it fails to play this role, it's not surprising that the international community is closely observing The Gambia with respect to freedom of expression and freedom of the press.

Real press freedom could educate citizens and enable them to make knowledgeable and fair-minded decisions. Therefore, The Gambia should provide a friendly environment for journalists so they can freely express their views and contribute in sensitizing public opinion for the development of the country.

A democratic minded leader of The Gambia should also accept divergent views including criticisms. Otherwise, The Gambia will exist in a culture of silence and fear, which will ultimately dampen the moral and creative knowledge of the people.

In the early sixteenth century, precisely in 1516, a famous Dutch humanist, Desidevivs Erasmus, said: "In a free state, tongues too should be free." Now, we live in the twenty-first century and also have the natural right to make the best of our pens as of our tongues.

For most of human existence, humankind has always been curious about the world around them. Those feelings were fulfilled by narratives, and some times fables, of historians and travellers. Today, journalists are given this great profession to answer to public curiosity and anxiety. No country could develop without a vibrant and free press. It is only in some countries that journalists are disrespected, molested and maligned whilst performing their lawful duties.

The hosting of the AU summit in July 2006 should also have been an opportunity to be seized by The Gambia by demonstrating its commitment to translating human rights issues into reality, which is a priority of the AU.

I believe in my opinion, we as world citizens should open our eyes to global freedom and should realize that we are not under any influence, fear, or pressure. We all have rights to enjoy fairness, justice, truthfulness and freewill. I pray for permanent peace, happiness, justice and prosperity in the small but blessed Gambia, so that every Gambian can live in the real meaning of the 'Smiling Coast of Africa'. On behalf of those who are attracted by Gambian hospitality, I would like to take this opportunity to admire all the brave and honourable journalists in The Gambia and in exile for contributing to real democracy by actually promoting press freedom.

Note By Editor

The author a non Gambian, has made two visits to The Gambia before making these observations. We hope the authorities will carefully consider her observations rather than dismissing them outright as hostile propaganda.

NEW MENINGITIS VACCINE FOR AFRICA

By Sarjo Camara Singhateh

The Meningitis Vaccine Project (MUP) a partnership between the World Health Organisation (WHO) and the Seattle-based non profit, PATH, is collaborating with a vaccine producer, serum Institute of India Limited (SIIL), to produce the new vaccine against serogroup A Neisseria Meningitidis (Meningococcus).

According to the release, the vaccine is expected to be sold initially for 40 US cents a dose – will be much more effective in protecting African Children and their communities than any vaccine currently in the market in the region.

The preliminary result of their study, a phase 2 vaccine trial, reveals that the vaccine could eventually slash the incidence of epidemics in the "Meningitis," as 21 affected nations of sub-Saharan African are collectively known. The vaccine is expected to block infection by the serogroup A Meningococcus, and therefore extend protection to the entire population, including the unvaccinated, a phenomenon known as "Herd immunity.

According to the Director of MVP, Dr. F Marc LaForce said this vaccine will make a real difference in Africa, the vaccine will allow elimination of the meningococcal epidemics that have afflicted the continent for more than 100 years.

The release stated that the new meningococcal conjugated vaccine trial, in 12 to 23 months-olds in Mali and The Gambia, shows that the vaccine was safe, and that it produced antibody levels almost 20 times higher than those obtained with marketed poly saccharide cun-conjugated vaccine. This means that protection from serogroup A meningococcal meningitis is expected to last for several years.

"This important study brings real hope that the lives of thousands of children, teenagers, and young adults will be saved by immunisation and that widespread suffering, sickness and socioeconomic disruption can be avoided," said Dr. Margaret Chan, Director-General of the World Health Organisation.

A total of 600 toddlers participated in the phase 2 study. They were enrolled at two clinical sites in Africa; Centre for Vaccine Development (CVD)-Mali and the Medical Research Council (MRC) Laboratories in The Gambia. Dr. Brown Okoko, Principal investigator at the MRC site in Basse, said, "The clinical teams at MRC and CVD-Mali identify with the vision, mission, and mandate of the meningitis vaccine project. We are all highly motivated and very proud to be able to contribute to the development of a vaccine that is critically needed in Africa."

Dr. Samba Sow, Principal Investigator at CVD-Mali; said, "Some of the families who participated in the study have lost several members of their family to meningococcal meningitis. Those who have not been directly affected know the terrible impact that the disease has on the community. There is a lot of support for the clinical study and the new vaccine in the Bamako community."

Meningitis is an infection of the meninges, the thin lining that surrounds the brain and spinal cord. It is one of the world's most dreaded infectious diseases. Even with antibiotic treatment, at least 10 percent of patients die, with up to 20 percent left with permanent problems, such as mental retardation, deafness, epilepsy, or necrosis leading to limb amputation.

Foroyaaに掲載された著者執筆の記事

Foroyaa の一面には、毎日こう書かれている。

「自分を知り、国を知り、世界を知る。すると将来を切り開いていくことができるのだ」

その脇には、鎖でがっちりと縛られたガンビアの地図の絵が描かれている。

六月二〇日、私がガンビアを出国する二日前に、寄稿として記事が掲載された。最後にはサー編集長のコメントが加えられていた。

「政府は、寄稿者の見解を敵意に満ちたプロパガンダとして受け止めるのではなく、慎重に考慮していただきたいと願う」

私は記事を書くことで、ガンビアのジャーナリストたちに感謝の気持ちを示したかった。

出国後

出国の前夜、ハビブは The Point のオフィスから私の滞在先まで送ってくれ、こう話しかけた。

「次にいつ会えるかはわからないけど、それは重要なことではない。会えなくても連絡は取り合える。ただ、ガンビアのことを忘れないでほしい。いつかまた一緒に仕事ができるまで、お互いに頑張ろう」

私は「うん、約束する」と答えた。将来の方向性もまだはっきり決まっていなかったが、いつかきっとハビブと再び仕事がしたいと思っていた。

私がガンビアを後にして、一ヵ月も経たないうちにハビブからメールが届いた。それによると、ハビブはThe Pointを辞め、新しく創刊された新聞Today《トゥデイ》で働き始めたという。新しい新聞社に移って以前より書きたい記事を書けるようになったようだが、それはハビブとTodayが、より大きなリスクを冒しているからでもあった。

出国から一年余り、私は彼と月数回メールを交換し、近況を報告し合った。ハビブは、携帯電話会社の汚職について取材を続けていることや、一緒に取材をした売春街の女性たちのその後の様子、あるいは、国内の貧困問題など、ガンビアの社会で起きていることから身の回りのことまで、様々なことを教えてくれた。

発行禁止になったThe Independentのオフィス前に立つハビブ・シセイ(2007年5月)

また、同時に、ガンビアのジャーナリズムを取り巻く環境が、日々悪化していくことも知らせてくれた。人権活動家やジャーナリストがスパイ容疑で逮捕され、一緒に働いていた記者が身の危険を感じてアメリカに亡命したという。

二〇〇八年四月二日、ハビブはTodayが日刊紙になると伝えてきた。「どうしたらこの国の貧困に苦しむ人たちを助けられるか、どうしたら言論の自由を手に入れられるのか、考えているのはそれだけだ」と前向きな様子だったが、それから半年後、一〇月四日のメールには、Todayの編集者が治安妨害の罪で告訴され、メールの前日にはハビブ自身がＮＩＡ（国家情報庁）に呼び出され、尋問されたことが記されていた。

このメールには、「危険な状況になってきた」とも書かれている。さらに三週間後の一〇月二七日のメールは、次のように結ばれていた。

「ガンビアは、相変わらず何も変わらないままだよ。いつまで経っても反メディア症候群――。ありがとう。ガンビアの兄より」

そして、それから約一ヵ月後の一一月二五日。

ハビブの友人のジャーナリストからメールが突然、届いた。

「一一月二二日土曜日の朝、あなたの友人のハビブ・シセイが亡くなりました。ハビブの友人と家族からあなたに知らせるようにと頼まれたので、お伝えします。ガンビアのメディアにとって大きな損失です」

ハビブはこのとき、まだ二七歳だった。彼の死はThe Pointを始め、ガンビア国内の多くのメディアで報じられた。具体的な死因は書かれていなかったが、朝ベッドの中で倒れているのが発見されたそうだ。なぜ亡くなったのか、いまだに私のもとに情報は入っていない。

襲撃

Freedom Newspaper に記事を送っていたジャスティスの状況も深刻になっていた。

二〇〇八年初め、ジャスティスと同僚のアラジが Freedom Newspaper に記事を送信していたことが The Point の記者たちに知られることになった。緊急に開かれたスタッフミーティングでは、ある女性記者が二人を指差し、知り合いの元陸軍大佐にすべてを報告すると言い放ち、二人はNIAによってしかるべき処罰を受けるべきだと脅したという。

これを聞いたジャスティスは憤慨したが、周りの同僚たちになだめられ、その場は何とか収まった。セイン編集長はその後、ジャスティスとアラジに対して「本当に気を付けた方がいい。君たちの名前はNIAと警察に知られている」と個人的に忠告した。

だが、ジャスティスとアラジは、これまで続けてきた活動をやめることはなかった。メールに脅迫が送り続けられていたが、それは何年も前から続いている日常だったからだ。

同年七月一日、ついにジャスティスが恐れていたことが起きた。

この日は夜遅くまで、The Point のオフィスのすぐ近くのショッピングセンターで、食品の衛生管理のずさんさについて取材をしていた。深夜一一時すぎに取材を終え、近くの交差点から乗り合いタクシーで自宅近くまで戻り、タクシーを降りた。すると、同じ場所で乗り込んでいた男も同時に降り、自宅に向かって歩き始めた直後に、突然ナイフをジャスティスの首めがけて振りかざしてきたという。

ナイフで斬りつけられ、血を流しながらもアパートにたどり着いたジャスティスを、その男はトイレまで執拗に追いかけてきた。激しく争う音に気付いた近所の住人たちがジャスティスを救出すると、ガンビア陸軍のブーツを履いていたその男は、逃げ去ったという。

幸い致命的な傷を受けなかったが、ジャスティスが翌日、警察に出向いて事件の詳細を届け出ても、まともに対応されることはなかった。

事件から二日後、ジャスティスはFreedom Newspaper に次のように語っている。

「あの男の目的は、僕を切り裂いて殺すことだった。金も時計も携帯電話も何も盗もうとしないで、いきなり後ろから襲いかかってきたんだ。命が危ない。もうジャーナリストを辞めて、新しい人生を探すことにした」

そして、七月四日、ジャスティスはガンビアを去り、セネガルに亡命した。The Point の同僚にも、友人にも家族にも誰にも予定を告げずに、一人ガンビアを去ったのである。事件発生から、わずか三日後のことだった。

直接関与

ジャスティスは後日、事件前にガンビア議会のある女性議員の自宅に呼び出され、こう警告されていたと明かしている。

「よく気を付けておきなさい。あなたはまだ若いのよ。(二〇〇四年に殺害された)デイダ・ハイダラに何が起こったか分かっているわね。あなたも殺されれば、それ以上何も残らないのよ。あなたは頭の良い青年、まだまだ先は長いのよ」

七月三日付のFreedom Newspaperは、政府内部からの信頼できる情報として、ジャスティスが警察に被害を申告したにもかかわらず、受理されることもなく捜査もなされなかったのは、大統領からの圧力があったからだと指摘している。

ジャスティスは、どのような気持ちでガンビアを離れて行ったのか。

報道の自由がない、この小さな国ガンビアで、ハビブやジャスティスなど私が出会ったジャーナリストたちは昼夜町の中を歩き回って取材をし、必死に生きていた。それまでジャーナリズムや写真とは全く無縁だった私にとって、彼らと一緒に過ごした日常はあまりに衝撃的な経験だった。ガンビアで出会った人びとのように、なかなか報道されることのない社会に生きる一人一人の声をもっと聞きたい、と思うようになったのはこの頃からだった。

第2章　難民と内戦の爪痕——リベリア

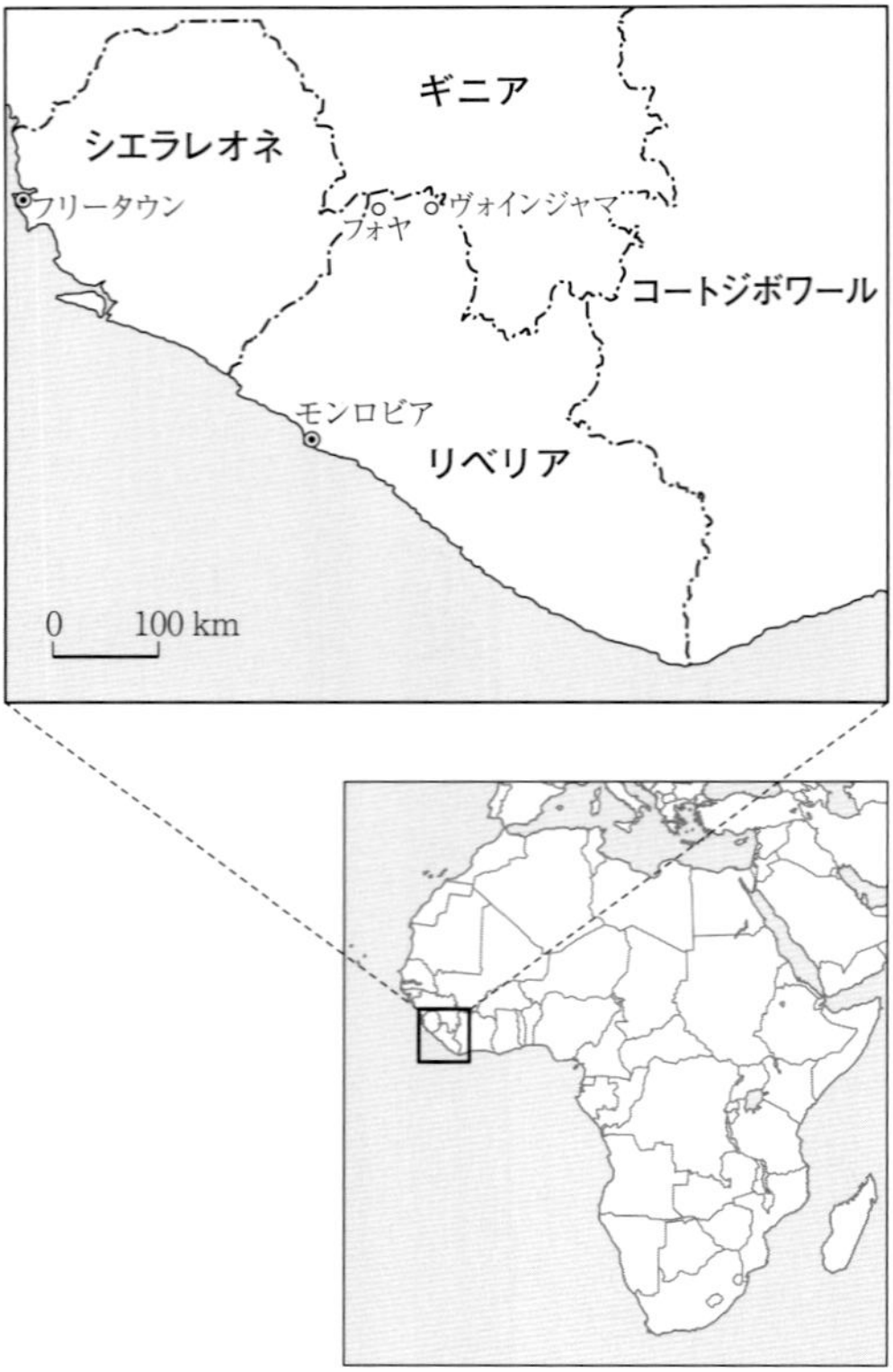
ギニア
シエラレオネ
フリータウン
フォヤ
ヴォインジャマ
コートジボワール
モンロビア
リベリア
0
100 km

内戦直後の国へ

二〇〇七年六月、ガンビアを出国した私は、南東に一〇〇〇キロほど離れたもう一つの小さな国、リベリア共和国へ向かった。

ハビブの「いつかまた一緒に仕事ができるまで、お互いに頑張ろう」という言葉が、頭の中にずっと残っていた。もっと写真の技術を上達させ、ガンビアに戻ってきて彼らと一緒に働く姿を思い浮かべたりもしていた。情熱を持って活動していた記者たちとの時間が、私の写真に対するモチベーションを高めさせていた。

リベリアに行くことを決めたのは、ガンビアに滞在している時だった。以前から、他のアフリカ諸国とは違った歴史を歩んできたリベリアには関心を持っていたが、せっかく西アフリカまで来たのだからと、二週間ほど、急遽リベリアに足を延ばすことにしたのだ。

ただ、今回はガンビアとはまったく状況が異なる。貧困問題を抱えながらも比較的、町中の安全が保たれていたガンビアとは違い、リベリアは内戦直後で治安が悪化していた。隣国に避難していた難民が帰還してきたり、西隣のシエラレオネの内戦から逃れてきた難民が滞在し続けたりしており、状況は混沌としていた。

さらに、今回は入国直後から一人で計画を立て、自分で動かなければいけない。それなのに、行くからには「いい写真」を撮りたいと気ばかりがはやり、ガンビアでの滞在経験があるから何とかなるはずだと甘く考えていた。

首都モンロビア

昼過ぎ、リベリアの首都モンロビアのロバーツ国際空港に到着した。

空港内に掲示されていたホテル広告の住所を入国カードの滞在先欄に書き写し、その場でビザを申請した。空港の外に出ると、空は真っ黒で大粒の雨が降っていた。

目の前には一〇〇人以上はいるだろうリベリア人の男性たちが険しい顔で、私を目がけて駆け寄って来た。「俺のタクシーに乗ってくれ」と言っているだけなのに、アクセントの強いリベリア英語で、まるで怒鳴り散らしているかのようにつばが飛んでくる。

ガンビアを出国する数日前、The Point の同僚が「心配だから知り合いのリベリア人記者に空港まで迎えに行くように連絡しておく」と気を遣ってくれていたため、私は渡されていた連絡先に急いで電話を掛けたが、その記者は「突然、仕事が入ってね。今日からしばらく田舎に来ているんだよ。しばらくモンロビアには帰らないよ」とつれない対応だった。

当然迎えが来ると思い込んでいた私は、慌ててタクシーに乗り込み、モンロビア市街へ向かった。「とにかく市内へ向かってください。中心部の安い宿まで。もちろんセキュリティーがしっかりしている所ね」と頼んだ。

　飛行機でわずか二時間の距離で、同じ西アフリカの国なのにこんなにも受ける印象が違うのかと車窓から外の風景を見ながら考えていた。一時間ほど走ると、市内に入った。あまりの人ごみでタクシーが動かない。何台もの車が身動きできなくなると、クラクションが鳴り響き出した。しばらくすると、それぞれの車から運転手たちが一斉に飛び出し、大声で互いに罵声を浴びせ始めた。小道を通れば小競り合いが起きている。この町は危ない、とすぐに感じた。

　宿を何軒も見て回り、やっと見つけたのがモンロビア市内のメインストリートにある小さなホテルだった。「セキュリティーがまあまあで、安いホテルはここくらいしかないよ」と運転手に告げられた。それでも一泊料金は最安値で五〇米ドル（約五〇〇〇円）。すべてが国連価格と言われ、物価が高い。今から考えれば非常に恐ろしいことだが、現金二〇〇ドルしか持っていなかった私には、あまりに高すぎた。それでも、この日はここに泊まることにした。

所持金二〇〇ドルで

　部屋に入り、仮眠をとろうとベッドに敷かれた布団をめくると、大きな黒い虫が潰れて死んでいた。休む気がなくなり、シャワーでも浴びてすっきりしようと浴室に入り、蛇口をまわして出て来たのは黄色の水。しばらくすると止まってしまった。

気力がなくなりテレビをつけると、幸い、壊れていなかった。画面ではCNNの女性特派員のクリスティアン・アマンプールがパレスチナ難民キャンプからレポートをしていた。二日前の六月二〇日は世界難民デー。リベリアの難民たちはどんな暮らしをしているのか気になった。

朝から食事を取っていなかったが、ホテルから歩いて二、三分の食堂に行くにも一人では不安だった。ホテルの入り口で見張りをしていた警備員の男性に頼んで、一緒に食事に付いてきてもらった。その後お金を下ろすために市内の銀行へ向かったが、そこで初めて、リベリアにはATMが無いことを知った。

「この国にATMがある訳ないよ。あったらとっくに壊されて金なんか盗まれているよ」と警備員に笑われた。「とんでもないところに来てしまった」。私は慌ててインターネットカフェに行き、日本の両親にメールをした。英語が分からない両親にも分かりやすいよう、件名には「BIG HELP!」(助けて!)と書いた。

設置してあるパソコンは日本語に変換できないため、「日本の私の銀行口座から、一〇万円を現地のウェスタンユニオン銀行に送ってほしい」とローマ字で書いた。大学を休学してアルバイトで貯めた資金はカメラやレンズ、ガンビアへの渡航費などに使い、残りは一五万円を切っていた。

この切羽詰まった状況を理解してくれるか心配だったが、翌日返事が来た。「日本からリベリアにお金を送金するのに一週間かかるって」。最初の一週間は、一五〇ドルで過ごす事にした。

リベリアとは

小国が密集する西アフリカに位置するリベリア共和国。国土の面積は日本の三分の一に満たず、人口は四〇〇万人ほどだ。

一八二一年、アメリカ植民地協会によって解放奴隷のモンロビアへの移住が始まり、その後、一八四七年に独立してアフリカ大陸で最初の共和国となった。再入植の地であるモンロビアの名前は、当時の合衆国大統領ジェームズ・モンローにちなんで名付けられた。国名は英語のLiberty（自由）に由来する。

再入植以来、解放奴隷の子孫（アメリコ・ライベリアン、人口の三〜八％）が、先住民を支配していたが、一九八〇年に先住民のクラン人のサミュエル・ドゥがクーデターを起こし大統領の座に座ると、独裁政治を行うようになり、経済も疲弊していった。

不安定な政治・経済状況の中で、一九八九年に解放奴隷の子孫であるチャールズ・テイラーが結成したＮＰＦＬ（リベリア国民愛国戦線）が蜂起し、リベリア内戦が始まった。二年後の九〇年にはＮＰＦＬから分離したＩＮＰＦＬ（リベリア独立国民愛国戦線）の兵士によってドゥ大統領は処刑された。

しかし、混乱は収まるどころかいくつにも分かれた武装勢力の分派により内戦は激化し、西アフリカ諸国の仲介で九六年に停戦した。一年後にはチャールズ・テイラーが大統領に就任したが、ダイヤモンドなどの天然資源や武器の密輸に関与し、シエラレオネ、ギニア、コートジボワールなど隣国の紛争にも介入していった。

九〇年代後半ごろからテイラーに不満を持つ反政府武装組織のグループが勢力を拡大し、二〇〇三年六月には首都のモンロビアで政府軍と武装勢力との間の交戦が激化。同月、ＰＫＦ（国連平和維持軍）などの介入により、ようやく内戦が終結した。

一九八九年から二〇〇三年までの一四年間に断続的に続いた二度の大きな内戦により、二〇万人以上の死者、一〇〇万人以上もの難民が生み出された。二〇〇三年に政府と反政府勢力の間で和平合意が締結されると、移行政府を経て、二〇〇六年にアフリカ初の民選の女性大統領エレン・ジョンソン・サーリーフが誕生した。

私がリベリアを訪れた二〇〇七年は、内戦で疲弊した経済の立て直しと、国民生活の向上が模索され始めた頃だった。しかし、当時の失業率は八五％とも言われ、平均寿命五七歳、一五歳以上の識字率は六〇％、また、長期間に及ぶ内戦による国民の精神的ダメージの影響も大きく、国の再建は容易でなかった。内戦後も、暴動鎮圧や治安を保つためＰＫＯ（国連平和維持活動)が続けられていた。

郊外へ

リベリア初日の夜、私はホテルのエントランス脇のレストラン・バーで、フライドポテトだけの簡単な食事を済ませた。バーでは金持ちらしい外国人たちが何人も立ち話をしている。しばらくすると、私と同い年くらいの四人の女の子たちが話しかけてきた。会話がはずみ、その子たちに連れられ、通りの向かいにある小さなナイトクラブに出かけた。中に入ると、聞こえてくるのは大音量のアメリカのヒップホップやラップ音楽ばかり。私たちの他には数名のリベリア人の若者しかいなかった。

ガンビアの友人たちが恋しくなり、精神的にも身体的にも疲労が溜まっていたため一人で部屋に籠もっているよりはましだった。しかし、はじめて訪れた国の一日目で、それも観光客がいないような治安が悪い場所で夜出歩くということは、今だったらよっぽど信頼できる人と一緒ではない限り、絶対にしない。この当時の私は、あまりに慎重さに欠けていた。

翌日、ガンビアのThe Pointで一緒に働いていた、シエラレオネ人記者オーゴスティンの弟で、モンロビアに住むアーサーに電話をした。リベリアに行くなら弟に渡してほしいと写真や手紙を預かっていたからだ。アーサーは直ぐに私が宿泊していたホテルにやってきた。

彼は「ずっとこのホテルに泊まるのか?」と聞いてきたので、私は「このまま一泊五〇ドルのホテルに泊まり続けるのは不可能だ」と答えた。すると、アーサーは「僕がガールフレンドのミアタと暮らす家で良かったら、一緒に住んでもいいよ」と言ってくれた。

早速、その日からアーサーの自宅で暮らすことになった。

モンロビア市内からタクシーを乗り継ぎ四〇分ほどの、バイブル・カレッジという小さなコミュニティーに自宅があった。茂みの中に建てられた家は、コンクリートの壁と屋根があるだけで、水もガスも通っていない。夜は数時間だけ発電機で電気を通す。快適とは言えないが、私のために一部屋空けてくれ、肌寒くなる夜は暖かい布団で寝ることができた。何よりも私の身の安全を本当に気にかけてくれたのが嬉しかった。他に誰が宿泊しているかも分からない市内のホテルにいるより、郊外でガンビアの友人の弟たちと生活する方が安心だった。

アーサーの家に泊めてもらうようになってからモンロビア市内の中心部に行くのは不便になったが、良かったこともある。シエラレオネでの内戦から逃れてきた難民が暮らすキャンプまで歩いて数分の距離だったことで、日常的に難民たちと接することができたからだ。

そのキャンプはアメリカのラジオ放送局 Voice of America《ボイス・オブ・アメリカ》がかつて近くにあったことから、VOAキャンプと名付けられていた。

VOAキャンプ

近所の住人の多くは難民だった。アーサーも時々、キャンプで難民の女性たちにアルファベットの読み書きを教えるボランティアをしていた。内戦中に教育を受けることができなかった多くの国民は文字を読む事も書くこともできないでいたのだ。当時の一五歳以上のシエラレオネ人女性の識字率は約二五%だった。

キャンプには約三五〇〇人のシエラレオネ人難民が生活をしていた。

シエラレオネでは一九九一年から二〇〇二年まで一一年間にわたった内戦の影響で、約三〇万人以上の難民が国外へ避難したという。UNHCR(国連難民高等弁務官事務所)はリベリアに逃れてきた難民をシエラレオネへ帰還させる事業を行っていたが、二〇〇四年にすでに終了しており、私が出会った難民たちは、故郷に帰っても家がなく、頼れる親族もいない人たちだった。

VOAキャンプでは国際機関による援助はすでに終了し、難民たちは過酷な生活を送っていた。

雑草が生い茂った広大な荒れ地に、木の枝や土を積み重ねて作っただけの家が点在し、多くの家が隙間だらけで崩れかけている。かつて支援を行っていた国連のマークが印刷されたボロボロのシートが、屋根の一部に使われていた。内戦で焼けただれた車の残骸に洗濯物を干す難民もいた。夜はヘビが茂みから室内に入ってくることもあるという。

リベリアでの滞在二日目から、私はこのキャンプに通い始めた。

そこで出会った三〇代の男性は、涙を流しながら内戦の様子を私に語った。

「僕の妻は目の前でレイプされ、殺されたんです。子どもたちも行方不明。何とか僕だけがこの難民キャンプに逃げてきたんです」

すぐ近くに住む高齢の女性も、こう話した。

「私だって、同じよ。家族も子どもたちもみんな殺されてね、生き残ったのは私だけ。このキャンプで人生を終えるの。過去は地獄で、今も悲惨、未来も何もない」

生まれつき脚が不自由な一三歳のフォディ・コネは、母親が激化する内戦から逃れる途中にジャングルの中で生まれ、このキャンプまで連れてこられた。生まれてからずっと教育も受けずに、ここで暮らしてきた。

極めて高い失業率の中で、難民たちが安定した職に就くのは事実上、不可能だった。キャンプ内に生えている草を煮て食べている難民や、近くに自生しているヤシの葉でほうきを作り市場で売っている子どもたち、中には売春をしている少女もいた。

一四歳の母親

一四歳のハワ・シェリフには、二歳の息子がいた。夜中にモンロビア市内の繁華街へ出かけ、売春をして生活をつないでいるのだという。

夜のモンロビア市内を一〇代前半の少女が歩き回るのは極めて危険だ。それでも明日を生き抜くためには、仕方がなかった。私は彼女のポートレート写真を一枚だけ撮影した。彼女はBaby Girlと胸に大きく書かれたピンク色のTシャツを着て、息子を抱いて微笑んだ。

「両親の暮らしを支えて生きて行くためには、こうするしかなかったの」

彼女のことを覚えておくために私が自分のために撮った写真なら、これで良かったのかもしれない。しかし、いま、私がその写真を見て思うのは、彼女がどうやって日々の生活を生きているのかを伝える写真としては、決して十分なものではなかった。

何日もかけて彼女と一緒に生活し、彼女の目線で社会を見てみるべきだった。どんな準備をして出かけているのか、夜の遅い時間にどうやってモンロビアに通うのか、どこで客と知り合い、他の女の子たちとどう連絡を取り合っているのかなど、知るべきことはたくさんあった。また、夜の街を歩いている時の表情、仕事が終わり早朝に戻ってきたキャンプをどのように見つめているのか、息子をどのように世話しているのか、一緒に暮らす両親との日常など、これらは、すべて写真で表現することが可能なはずだ。

多くの写真でフォトストーリーを組み立てて彼女の生き方を紹介すれば、その場にいない人たちに、もっとハワの苦しみ、優しさ、そして、強さなどを汲み取って感じてもらうことができたはずだった。

キャンプでは、子どもたちの多くが教育を受けられずにいる。一学期分の授業料は約一〇ドルだが、それすら払うことができずにいた。

リベリアも内戦が長く続いていたため、シエラレオネから避難してきたからといっても安全が約束されたわけではなかった。特に二〇〇三年四月から七月にかけて最大の反政府勢力であるLURD（リベリア和解民主連合）が、首都モンロビアに侵攻すると、防戦する政府軍との戦闘が激化し、VOAキャンプも激しい砲撃にあった。

アーサーとガールフレンドのミアタも、家の目の前で、何人もの人びとが虐殺されるのを目の当たりにしていた。二人は「これが私たちの日常だった」と言う。

脚の切断

ある日、ミアタは弟のジェレマイアを私に紹介してくれた。彼はリベリアで発行されている新聞 The Monitor Newspaper《ザ・モニター・ニュースペーパー》 とラジオ局 Royal Radio Station《ロイヤル・ラジオ・ステーション》 で働くジャーナリストだ。

リベリアでは内戦中、武装勢力によって一般市民の手脚切断、殺人、少女に対する強姦など残虐な行為が繰り返されていた。モンロビアの中心部には手や脚を切断された多くの人びとが行き交っていた。十分な治療を受けられず、被害者が死亡することも数多くあった。

リベリアに入国して一週間ほど経った日に、私は一人でモンロビア市内の廃墟となった大きなビルの一階にある小さな商店で買い物をした。その直後、ビルの入り口で雨宿りをする五、六人の男性たちに出会った。みな戦争中に脚を切断された被害者たちだった。

彼らは最初は笑顔で私に握手を求めてきたが、私がカメラを持っているのに気が付くと「俺たちを撮りに来たのか？　絶対に写真なんか撮らせないぞ」と険しい顔で、言い立ててきた。

「数ヵ月前にも韓国人のカメラマンが来て、この現状を世界に伝えるからとか適当なことを言って俺たちの写真を撮って帰っていったよ」

別の男性が続ける。

「でも、俺たちの生活は全然良くなっていないんだ」

残念なことだが、現状を世界に知ってもらったところで、それがすぐに直接自分たちの生活向上に繋がることは稀だ。たとえ将来、何らかの形で支援があったとしても時間がかかる。彼らの反応は、ある意味、当然とも言えた。

一日二ドル

私はその場で写真は撮らずに、被害者の一人、ダエテ・ウィリアムズの自宅に連れて行ってもらうことにした。話を聞くだけならと、彼は了解してくれたのだ。

自宅はモンロビアの中心地から車で三〇分ほどのところにあった。道路から家屋までは五〇メートルほど離れており、沼地になっている。沼には杭が打ち込まれ、その上に敷かれた平均台のような細い板を慎重に歩いていかなければならなかった。

気が緩んでいると簡単に沼の中に落ちてしまう。ダエテの後ろを歩いていた私は慎重に足を運んでいたつもりだったが、板を踏み外し沼の中に片足を落としてしまった。慌ててサンダルを履き足を水面から出すと、一つ一つは小さくて形も分からないが、何百もの真っ赤な小さな虫が足首から下に吸い付いているのが見えた。

次の瞬間、今までに味わったことのない激痛が走った。あまりの痛さに思わず悲鳴を上げると、ダエテの父親が慌てて家から飛び出して来て私を背中に担いで家まで運び、すぐに虫を足から取り払ってくれた。

ダエテは一六歳の娘と一一歳の息子、そして、この父親と小さなプレハブ小屋で、四人で暮らしていた。妻は既に亡くなっていた。

その後、この家に何度か通い、そのうちに自然と写真を撮らせてもらえるようになった。話も聞けるようになり、ダエテ自身の生きざまも徐々に見えてきた。

ダエテの稼ぎはモンロビアで行う物乞いで一日約二ドル。これで家族四人を養っている。毎日午後三時にはきり上げて自宅に帰る。食事を一日一回しかとれないため、夕方以降は空腹で杖を使って街中を歩き回る体力がないのだという。

かつてはエンジニアとして働いていたが、内戦が激化し始めたころ、武装勢力に襲われ、斧で左脚を切り落とされたという。ダエテに何か非があったわけではなかった。

「本当は二人の子どもを学校に行かせたいけど、一年で三六ドルもかかる学費はとてもじゃないが、払えない」

商店の前でダエテと一緒にいた仲間たちも、ほとんど同じような状況だったことが、後から分かった。

国連プレスカード

ダエテは内戦中もずっと国内に留まり続けたが、隣国へ難民として逃れたリベリア人も多かった。私が滞在していた時期にも、避難先のギニアやシエラレオネからリベリアへの難民帰還事業がＵＮＨＣＲによって行われていた。

長く続いた内戦が終わり、ようやく故郷の土地に戻ってくることができるリベリア人の表情を撮影したいと思っていた。当時、国連のプログラムを取材するにはプレスカードを取得しなければならないと思い込んでいた私は、モンロビア市内の国連本部へ行き、広報担当者と面会した。とはいっても、私はただの学生で、身分を証明するのはパスポートだけ。報道機関やNGOの所属先も何も無く、名刺すら持っていなかった。つまり、相手から見れば単なる旅行者だ。

もっとも、旅行者でも取材はできるし、肩書きがどうであれ、いい写真が撮れるかどうかは別問題だ。私がプレスカードを取得したかったのは、難民帰還事業の現場に確実にアクセスしたかったからだ。所持金も限られていた中で、プレスカードがあれば無駄なく取材が進められると考えていた。

「どうしても発行してください」と無理なお願いをして、その場から離れなかった。しばらくすると、それまで私を全く相手にしていなかった広報担当者が「ちょっと待ってて」と席をはずすと、近くのデスクで作業をしていたアメリカ人の国連専属カメラマンのエリックが話しかけて来た。オフィスの壁にはエリックが西アフリカで撮影した写真がたくさん貼られていた。

「よくここまで来たね、いつまでいるの？」

「あと一週間くらいです」

「この国の人は、一人一人接するといいヤツばかりだよ。やりたい取材があるなら、あきらめたら駄目だ」

そして、広報の担当者が戻ってくると、その場でPKOのUNMIL（国連リベリア・ミッション)のプレスカードを発行してくれることになった。なぜ、こんなに簡単にプレスカードを取得できたのか、今でも信じられない。

少年兵

数日後、難民帰還事業の取材のため、ジェレマイアと一緒に国連ヘリコプターでモンロビアから北へ約三〇〇キロの山中にあるロファ州のヴォインジャマへ向かった。搭乗時間は約二時間だった。

小さなヘリの中には国連のスタッフが六人同乗していた。ヘリから地上の様子を簡単に見下ろすことができたが、時々小さな集落が見える以外は果てしなく続く熱帯雨林のジャングルだった。たまたま私の向かいに座っていた、国連に派遣されているパキスタン人の警察官ナセルとリベリアでの生活などについて話が弾み、ヴォインジャマに到着すると、彼は私とジェレマイアを町のUNバーへ案内してくれた。各国のNGOや国連の職員などが集う場所だ。ここで、これまでの支援活動や内戦中の町の様子について、詳しく話を聞くことができた。

ヴォインジャマはギニアとシエラレオネ国境に近く、多様な文化が混じり合っていた。リベリアの公用語は英語だが、ギニアに近いためフランス語を話す住人も多い。西アフリカのカラフルな伝統衣装を身にまとう女性たちもいる。キリスト教会とモスクが同じ街の中で見られた。

シエラレオネ難民が暮らすVOAキャンプ近くの病院で，感染症の治療を受ける乳児(2007年6月，リベリア・モンロビア)

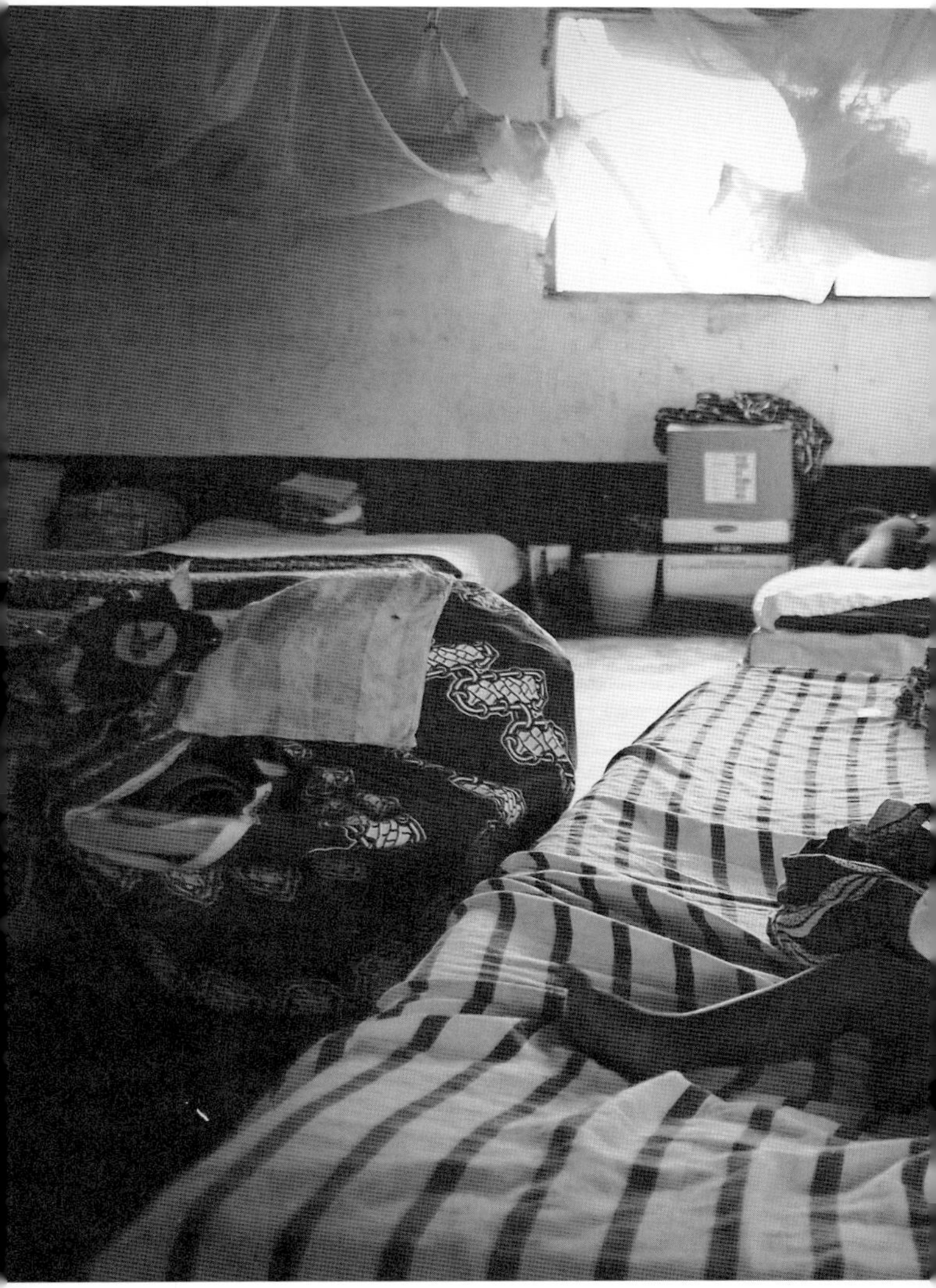

リベリア内戦中に反政府武装勢力の拠点となり，激しい戦闘が
行われたギニア国境近くの街ヴォインジャマ(2007 年 6 月)

内戦中に砲撃によって全壊し，紛争終結後は家具屋として使われていた建物(2007 年 6 月，リベリア・ヴォインジャマ)

内戦前のヴォインジャマを知る住人たちによると、かつてはマーケットが賑わい、道路も舗装され、安全な飲み水や電気が届けられていた。しかし、内戦が始まるとヴォインジャマが反政府武装勢力の拠点になり、激しい戦闘が繰り返されたという。

住人は家族離れ離れにされ、男性たちは拷問や処刑にあい、女性たちはレイプされ、子どもたちは反政府軍の兵士として訓練された。多くの住人たちが壊滅状態となった街を逃れ、ジャングルの中をさまよい、食べ物を探し回ったそうだ。

二〇〇三年に内戦が終結しPKFが到着すると、少年兵たちはようやく武装解除された。世界中には一八歳以下の子どもの兵士が約三〇万人おり、その四割がアフリカに集中しているという。二回におよんだリベリアの内戦では一万五〇〇〇人以上の子どもたちが兵士になった。六歳の兵士も報告されている。彼らは最前線での戦闘や奇襲、荷物運搬、見張り、調理、武器の整備などの任務を任された。

ヴォインジャマには、元少年兵たちが多くいた。町のメインストリートの一角で仲間たちと遊んでいた一〇代後半の少年は、幼い頃両親を目の前で殺害され、その後ジャングルで軍事訓練を受けさせられたという。

ただ、町を歩けばあちこちで目をキラキラ輝かせた無邪気な子どもたちもいる。「この子たちがあと一〇年早く生まれていたら、少年兵になっていたのかもしれない」と何度も想像した。

帰還民

ヴォインジャマに到着して二日目、五五〇人のリベリア人難民がUNHCRのトラックで避難先のギニアから帰還した。

ヘリで一緒になったナセルがギニアとの国境まで車を走らせてくれた。二時間ほどかけて国境に到着すると、帰還民を乗せた一〇台ほどの大型トラックが次々とリベリアに入国してきた。

私たちはトラックを追い、フォヤという町にある中継センターへ向かった。ここで健康診断や食事などをするため、国連トラックから帰還民たちが一斉に降り始めると、一気に人びとの熱気が漂い始めた。久しぶりの故郷。内戦中避難先で生まれた子どもたちにとっては、初めての母国だ。すがすがしい表情の人たちもいれば、不安げな人びともいる。

一〇歳ほどの娘と一緒に戻ってきた母親は「故郷の村がどうなってしまっているか分からない。私がリベリアを去ったのはもう一〇年以上も前のことだからね。親戚が無事かも帰ってみないと分からない」と語った。その日は疲れきり、私が写真を撮った後も表情一つ変わらなかった。

それぞれが指定されたテントに移動した。移動の途中で親しくなった子どもたち同士は荷物の上にまたがり、ふざけ合ったりもしていた。

続いて昼食が提供された。魚と野菜、挽き割り小麦の温かいご飯だ。プラスチックのお皿に入れられたこの食事を、帰還民の子どもたちが勢い良く食べているのにレンズを向けると、無邪気にわざとカメラの方を見ながら食事を続けていた。

エチオピア人の国連職員の女性が「写真撮るのもいいけど、帰還民たちがどんな食事を摂っているのか知りたいでしょう？　あなたも食べてみなさい」と、お皿を分けてくれたが、美味しかった。その後、帰還民たちはブランケットや油、ランプ、台所用品、マットなどの生活必需品や四ヵ月分の食料などを無償で受け取り、それぞれの故郷へ帰っていった。

内戦終結後からこの日までにシエラレオネやギニア、ガーナ、ナイジェリア、コートジボワールなどに避難していた約二〇万人のリベリア難民たちが故郷に帰還したという。

移動の車窓から

ヴォインジャマでの滞在期間は五日間。最初の二泊は空き家の一角を借りていたのだが、泥だらけのコンクリートの上にシーツが一枚置いてあるだけの部屋で鍵も付いていなかったので、三日目からは設備がもう少し整っているロッジに移動した。

帰国の日が近くなり、ヴォインジャマからモンロビアへの帰路は国連のヘリではなく、あえて一二時間かけてタクシーで戻ることにした。六〇ドルほどかかったが、それでも戦後ほとんど手の入っていない、小さなコミュニティーでの人びとの生活を、車窓からだけでも見ておきたかった。

リベリアのタクシーは助手席に二人、後部座席に四人乗る。私はサイドブレーキの上に座るような状態だった。途中の道路はほとんど舗装がされていない上、雨季でもあり、タイヤが土の中に埋まってしまうことも度々あった。タクシーに乗り合わせていたほかの乗客たちと車を押しながら何とか近くの町までたどり着き、車を乗り換えるなどして、ゆっくりと進んで行った。

大きな斧を持って歩いていく少年たちや、小さな乳児を背負ってゆっくり歩く若い女性たちにもすれ違った。ジャングルに囲まれ、道の両側には木々が空高く生い茂っていた。

時々、その奥に小さな家が何軒も連なっているのが見える。少し規模の大きな町を通る時はやはり内戦の影響で焼け焦げた家や店などを目にすることもあった。

途中、通訳をしてくれていたジェレマイアが市場に寄るためタクシーを止めた。五分後に手にして戻って来たのは、生きているのか死んでいるのか分からないサルだった。「今夜の主食だよ。君にも是非ごちそうするよ」と笑顔で言い、トランクの袋の中にサルを入れたが、モンロビアに到着した時刻が遅く、サルを調理する時間も食べる時間もなかった。

滞在はわずか二週間。本当は滞在を延期してもっと深く人びとの生活に入り込んだ取材をしたかった。

しかし、この当時は大学四年の夏休み。再び大学を休学し卒業を遅らせることはできないと自分に言い聞かせていた。今思えば、大学の卒業を遅らせてでも滞在期間を延ばさなかったことを後悔している。大学の小さな教室で講義を受けたりディスカッションしたりするよりも、ずっと学ぶものが多かったはずだ。

翌日、二週間ぶりに再びモンロビアのロバーツ国際空港へ向かった。この日は気持ちよく晴れた暖かい日だった。ジェレマイアとアーサーも私を見送りに来てくれた。

「一緒に働けて本当に楽しかったよ。昨日のタクシーの、あんな狭い所で一〇時間以上同じ姿勢だったから、もう脚がガタガタだよ。これが一番のいい思い出だよ」

ジェレマイアは脚を引きずる素振りをみせて、いつものように大きな口を開けて笑い出した。

第3章　ＨＩＶと共に生きる——カンボジア

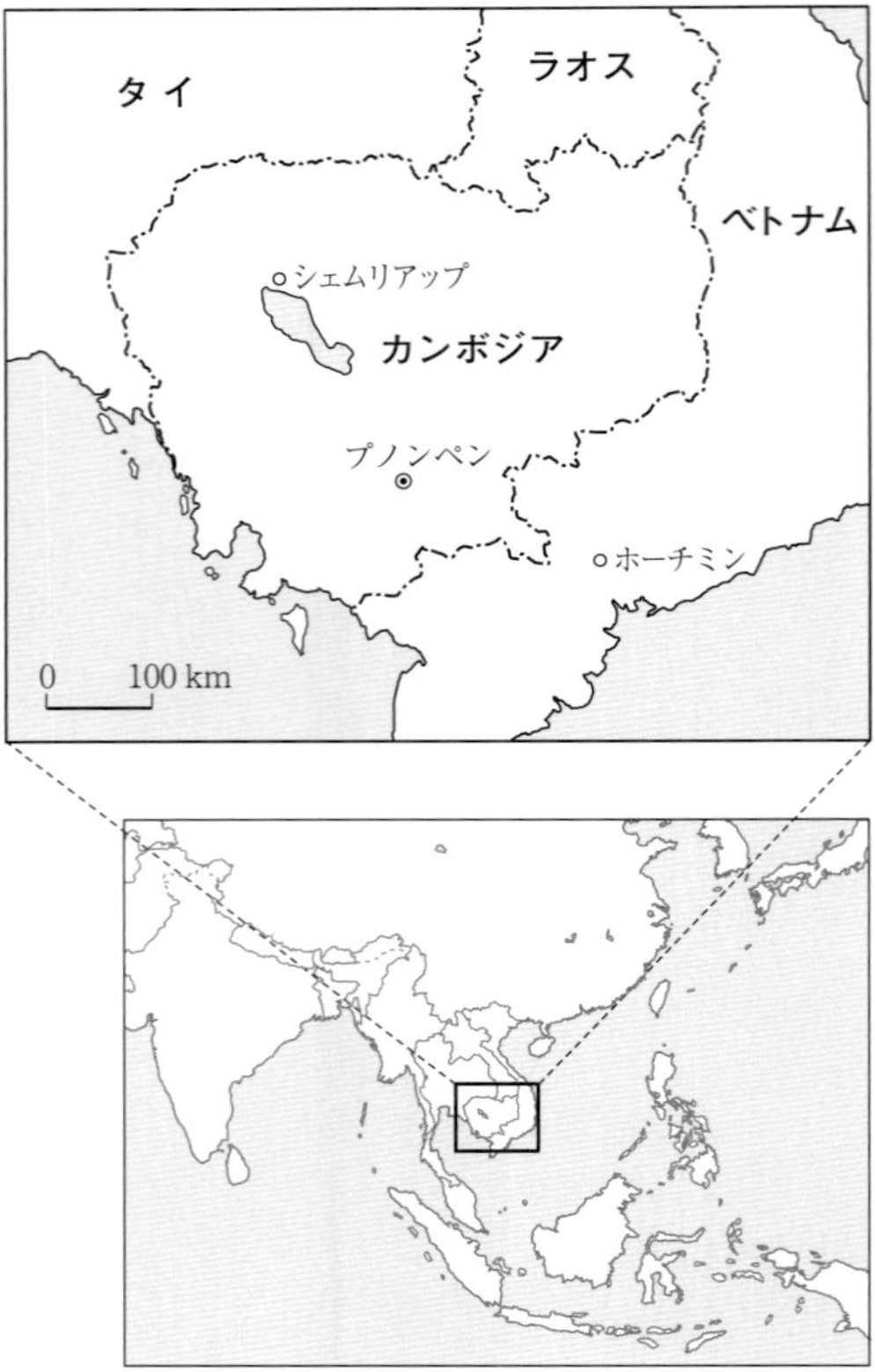

ラオス
タ イ
ベトナム
シェムリアップ
カンボジア
プノンペン
ホーチミン
0 100 km

就職せずに

二〇〇九年。リベリアの取材から二年以上が経っていた。

その間に大学を卒業し、日本に帰国したが、ほとんど写真は撮っていなかった。カメラを触ったのは、渋谷にある写真学校に夜間通った時と、写真月刊誌DAYS JAPAN《デイズ・ジャパン》が主催するワークショップに参加した時だけだった。

私の両親は大学を卒業したら就職をして、経済的に安定した仕事を持って欲しいと思っていたようだ。もともと写真の仕事やジャーナリズムとは全くかけ離れた所にいた両親は、写真というのは趣味の世界のものだと考えていたのだろう。

私はカメラマンとしての就職も考えたが、ファッション写真や広告写真、日々の速報性が重視されるニュース写真には関心がなかった。やりたかったのは興味を持っているテーマを自分のペースで取材し撮影すること。当時、ほとんど経験がないに等しかったけれども、一〇〇％ドキュメンタリーの活動に専念するためにはフリーランスという選択肢しかなかった。

会社に勤めて他の分野の写真を撮るぐらいだったら、写真とはまったく別の仕事に就くほうがいいと思っていた。就職するなら一〇〇％やりがいを感じられるところで仕事をしたかったからだ。

写真とは関係のない就職先も考えたが、The Point で働いていた時にあれほど仕事に生き甲斐を感じて活動をしていたジャーナリストたちのことを思い出すと、なかなか就職活動には踏み出せなかった。卒業後の進路を悩み続ける中で、「安定はしなくても、自分の活動にやりがいを感じているから、この仕事が続くんだ」と言っていたガンビアの友人たちの言葉が何度も思い出された。

私が写真を始めたばかりの頃、あるジャーナリストに、フリーランスの最大の才能は「続けていくこと」と言われたが、本当にその通りだと思う。

ボンヘイ

二〇〇九年一一月、カンボジアへ向かった。HIV感染者の取材をしようと考えていた。世界的観光地、シェムリアップ。アンコールワット遺跡で有名なこの街の片隅で、当時八歳のボンヘイ少年と出会った。

ボンヘイは生まれたときから耳が聞こえず、ことばが話せず、さらに左目の視力も失っていた。また、母子感染でHIVキャリアでもあった。コミュニケーション手段が限られたボンヘイはエイズの存在も、ボンヘイ自身がHIVに感染していることも知らずに生きている。

HIV・エイズの蔓延はカンボジアが直面している深刻な社会問題の一つだ。

一九九一年にカンボジアで初めてＨＩＶ感染者が発見されて以降、貧困や知識不足などが重なりエイズの発症者数が急速に増加した。近年は政府や国際機関、地元のＮＧＯなどによる取り組みで状況は改善され、一九九七年にはＨＩＶ感染率が全人口の三％だったのが、現在は一％以下にまで減少したという。

しかし、その現実とは裏腹に母子感染によるＨＩＶ感染者の数は年々増え続けている。ＷＨＯ（世界保健機関）は、カンボジアで生まれる子どもの数は年間約四六万人、ＨＩＶに感染している妊婦数は約一万人、その中で母子感染でＨＩＶに感染して生まれる子どもの数は年間二五〇〇～四〇〇〇人だと発表している。

シェムリアップ中心部の繁華街から、空港へ向かう大通りを自転車で三〇分ほど走り、途中小さな小道を入った所にある、二〇戸ほどの小さな集落で生活するボンヘイは、三〇歳の母親のチャリヤと、祖母ロチョムの三人で、六帖ほどの伝統的な高床式の小さな住居で生活していた。室内にあるのは衣服が入った大きなプラスチックのケースと食器、支援団体から貰ったというテレビだけだった。

私が初めてボンヘイの家を訪ねたのは一一月末、現地のＮＧＯの職員に同行してＨＩＶ感染者の自宅を訪問している時だった。滞在中に、何人ものＨＩＶ感染者の取材をするつもりでいたため、それまでにも約一〇人の感染者に会い、話を聞かせてもらっていた。職員は英語とクメール語が話せる地元の男性だった。オレンジ色のパジャマ姿のチャリヤは、四年前に離婚した夫からＨＩＶに感染していた。

かつてはマッサージ師として働いていたが、二〇〇八年にエイズを発症し体調が悪化したために、仕事を辞めた。その後、体の状態は回復したが、体力が続かないため、ボンヘイの祖母ロチョムが近所の人たちの洋服などを洗濯し一日約一ドルを稼ぎ、一家を支えていた。

「ボンヘイを日本に連れていって欲しいわ。そうすればあの子、今よりも豊かな生活を送ることができるはずだから」

母親のチャリヤはこういうと私の方を見て微笑んだ。

この日はボンヘイは学校に行っていたために会うことはできなかった。だが、カンボジアで増加している母子感染、そしてコミュニケーション手段が限られている子どものＨＩＶ感染者であるボンヘイと家族が、どのようにＨＩＶ・エイズの問題に向き合っているのか、生活を深く追って記録したいと思った。

その場で職員を通して取材のお願いをした。時間をかけて説明をすると、了解してくれた。もちろん撮影されるのはボンヘイ一家にとっては初めてだったので、少しずつゆっくり進めて行こうと決めた。そして今回の滞在では、ボンヘイに絞って取材することにした。

取材開始

翌日からボンヘイ一家の取材が始まった。

私は通訳をつけずに、一家の生活にできるだけ寄り添おうと思った。一家に関わりのない人に通訳を頼むよりも、自分一人で、できるところまで三人の生活に入っていこうと考えたのだ。ボンヘイ一家が暮らす集落には、少しだけ英語ができる住人もいたため、いざという時には、その人に通訳をお願いしようと決めていた。

ただ、耳が聞こえず、話をすることができないボンヘイとの意思疎通が困難なのは、私だけではなく、母チャリヤ、祖母ロチョムも同じだった。

当時八歳のボンヘイは、年齢の割にはとても小柄で、他の子どもたちと比べても見た目は五歳くらいだった。毎朝六時には起床する。エイズの発症を抑える抗レトロウイルス薬（ＡＲＶ）を毎日二回、朝の七時と夕方の五時に飲むが、ボンヘイ自身は、その薬が何のためのものかも知らない。チャリヤは体の調子が悪く朝から寝込むことが多かった。朝食は片手にのる分量の白いご飯にゆで卵が一個だけという、とても質素な食事がほとんどだ。ボンヘイは白いシャツに紺色ズボンの学校の制服をロチョムに着させてもらいながら、片手に子犬を抱いて遊んでいた。

ボンヘイは、同じように耳が聞こえない子どもたちのための聾学校に通っている。学校に行くのを嫌がるボンヘイをロチョムが何とか持ち上げ、自転車の後ろに乗せ、毎日学校と家との間を片道三〇分以上かけ往復の送り迎えをしていた。行くのを嫌がり、泣きわめくボンヘイを連れて自転車を漕ぐロチョムの背中がとても小さく、弱々しく見えた。

取材開始から数日の間は、滞在していたゲストハウスからボンヘイの家に通っていた。朝七時前にはボンヘイの家を訪れて、夜は日が沈み一家全員がパジャマを着て布団を敷いた後も一緒に過ごしていた。それでも何となく、私がその場にいることで緊張した雰囲気があるように感じられることもあった。それが写真に表れてしまうのが気になって、落ち着いてシャッターを切れなかった。

私が家にやってくるたびに、ボンヘイは私のカメラに興味津々でくっ付いてしばらく離れようとしない。人懐っこく、無邪気なボンヘイの遊び相手をすることもあったが、とにかく私の存在を気にしないようになることを待った。

取材を開始して三日目から、家に泊まり込んで撮影することにした。ボンヘイが私の存在をそれほど気にしなくなるまで、時間はかからなかった。

聾学校

この取材はとてもシンプルだった。ただひたすらボンヘイの後を追った。

ボンヘイが通う聾学校では手話を教えているが、ボンヘイは手話を使ってコミュニケーションをとることができない。ボンヘイの二〇名ほどのクラスメイトたちは手話を理解しているようだが、ボンヘイは授業についていけていないようだ。文字も読めない。さらに、医師の話によると、抗レトロウイルス剤の副作用で神経過敏、注意散漫、過剰行動などの症状が表れるようになった可能性があるという。家でも突然騒ぎ出したり、暴力的になったりすることもあったが、学校でも授業中、集中力がなくなり、席から立ち歩いたり、突然騒ぎ出したりすることが時々あった。やっと落ち着くと、校舎の片隅で一人座りこみ、他の生徒から孤立している姿を何度も見かけた。それでも、時々他の児童の輪に自ら入って行き、一緒にサッカーを楽しんでいることもあった。

私は一人でいる時のボンヘイをできるだけ観察していた。ボンヘイが自分の周りに広がる世界の何を見て、何に関心を持っているのか。直接思いを聞くことができないので、まずはよく観察しようと思った。そうすることで彼の個性を見つけ、彼が直面している苦しみや葛藤を反映するような瞬間を探し出し、写真に切り取ることができるのではないかと思っていた。

午後二時過ぎに学校が終わりロチョムの自転車で自宅に帰ると、日が暮れるまで犬とじゃれたり、散歩に出かけようとしたりする。時々、テレビを見るため集落の子どもたちが家にやってきて、一緒に楽しそうに好きなアニメの画面に見入っていた。

聴力と視力の半分を失ったボンヘイにとって、周りの世界との繋がりを保つ大切な方法は、直接肌で触れること。興味を持ったモノには実際に手で触って、時には頬をすり寄せて感触を覚える。感情を表すことができる唯一の手段である表情は、いつも豊かだ。

チャリヤは「一五歳になったら、感染を打ち明けたい。でも、どう伝えれば、理解してもらえるのだろうか」と不安を漏らす。

手話ができずに、字も読めず、身振り・表情での限られた意思疎通の中で、HIVやエイズについての正確な知識をどのようにボンヘイに伝えていくのか。やがて母親も祖母もいなくなった時に、感染という事実に向き合って生きていかなければならない。

現在、HIV感染症を完治することはできない。しかし、抗レトロウイルス薬を摂取することで、免疫力の低下を防ぎ、その結果としてエイズの発症を抑えることができる。そうすることでほとんどの感染者が長期間にわたり普通の生活を送ることができるが、一度薬を飲み始めたら継続的に服薬しなくてはならない。ボンヘイも、抗レトロウイルス薬を毎日飲んでいるが、これは家族がいなくなったあとも、一人で続けていかなければいけない。

夜

夜は部屋全体に緑色の蚊帳を取り付ける。その狭い空間に布団を三枚敷いて、私も一緒に雑魚寝をした。

ボンヘイは眠りにつくまで、家で飼っている二匹の犬を抱き上げ、頬をすり寄せ、一緒に布団の中に入ったり、おばあちゃんとふざけ合ったり、身振り手振りで一生懸命母親とコミュニケーションを取ろうとする。

必死に何かを伝えようとするボンヘイの気持ちを理解しようとするチャリヤの優しさが感じられた。手話を覚えてほしいと願っていたのか、彼女は手話を独学で勉強していた。

また、ボンヘイはチャリヤとロチョムが寝た後に、二人に挟まれたわずかなスペースにしゃがみ込み、一人で物思いにふけることもよくあった。何を考えているんだろうかと思ってボンヘイを見つめていても、結局想像することしかできない。

三人が身を寄せ合って小さくなって寝ている姿を見て、厳しい現実の中でも何とかボンヘイを守って生きていくという母親と祖母の強い意志が感じられた。

失　敗

ボンヘイの家に電気は通っていたが、使える時間が限られていた。そのため、充電しているデジタルカメラの電池を交換するために、荷物を置いていたゲストハウスに時々帰っていたが、ボンヘイの家に戻る際、バイクタクシー（二人乗りバイク）を使っていた。

最初は座席のついた三輪タクシーのトゥクトゥクを使っていたが、そのうち安く、スピードも速く、小回りも利き渋滞もほとんど影響しないバイクタクシーに替えたのだ。

だが、バイクタクシーを使うようになってから、少しずつロチョムの私に対する態度がよそよそしく、そっけないものになっていった。ある日、英語が少し話せる近所の住人に何か知らないか尋ねてみると、知り合いでもないバイクのタクシーの運転手の後ろに女性が乗ってやってくる姿が、あまりに軽々しく見えておばあちゃんには耐えられないということだった。

全く想像もしていなかったことだった。些細なことかもしれないが、彼女の価値観からすれば大きな失敗だと思い、私はバイクタクシーを使った理由をロチョムに丁寧に説明した。なんとか理解はしてくれたようで、その後も取材は続けることができた。

また、ボンヘイの学校へ同行する際、私の荷物が多かったため、四人でトゥクトゥクに乗ったことが一度だけあった。普段は私も自分で借りていた自転車を使っていたが、トゥクトゥクは一回二〇〇〇円ほどかかる。それはロチョムが二日かけて稼ぐほどの金額で、普段は乗ることはない。三人の生活スタイルを壊してしまったのだ。ロチョムはそういうことを気にする人だった。私は、少し無理をしてでも自転車で行くべきだった。

一度でもこのようなことがあると、それまで取材相手との間で共有していた穏やかな空気のようなもの、あるいは信頼感が崩れてしまう。私の中では何とも思っていないような小さな言動が、取材相手を傷つけてしまうこともあるのだ。

別れ際に

取材の最終日の朝、私はそれまで撮影した写真を何枚かプリントし、ボンヘイの家に向かった。この日チャリヤは、具合が悪くなり寝込んでいたので、耳元であいさつをし、握手をしただけになってしまった。写真は小さいL版のものと、ボンヘイが犬を抱いて笑っている大きく引き延ばしたものをロチョムに手渡した。

「また、いつでも取材に戻ってきてくださいね」

「本当ですか?」

思わず聞いてしまった。おばあちゃんは小さな声で、こう話してくれた。

「本当に。私たちはあなたから何も欲しいとは思っていないの。お金もいらない、食べ物もいらない。でもボンヘイのために小さなぬいぐるみでも持ってきてくれたら嬉しいかもしれないけど」

こうは言ってくれたが、タクシーの件が起きる前のロチョムの印象とは全く違う。私とあまり視線を合わせようとせず、よそよそしい印象を受けた。せっかく家に泊まらせてもらい、何とかボンヘイのことを伝えたいという思いを募らせてきたのに、私の行動が壁を作ってしまったのではないかと後悔した。その思いは二年後に再びボンヘイを訪ねるまで消えなかった。

再びカンボジアへ

二年後の二〇一一年一一月、私は再びカンボジアを訪れた。

空港に到着すると、その日のうちにボンヘイの家へ向かった。少し離れた小道でトゥクトゥクを止めてもらい、その後は歩いて向かった。

ボンヘイ一家が暮らしていた小さな家が視界に入ると、二年ぶりに訪れてきた私を受け入れてくれるか不安になったが、さらに進むと私のことを覚えていてくれたボンヘイの近所の人たちが、駆け寄ってきてくれた。

一緒にボンヘイの自宅の前へ向かったが、家の扉ががっちりと閉められていて、人気がない。すると、私の周りにいた近所の住人たちはもうここにはいない、と身振り手振りで伝えてきた。

私がお母さんのチャリヤの名前を言うと、突然表情が暗くなり、人差し指で空を指差した。

「えっ、亡くなったの?」。だが、言葉が通じず、会話ができない。私はいそいで大通りに戻り、時間を潰しているトゥクトゥクの運転手の中から英語ができる人を見つけて、集落に一緒に来てもらった。

もう一度ゆっくり話を聞くと、二〇一〇年の四月にお母さんが亡くなり、その後おばあちゃんのロチョムとボンヘイは二人でどこか別のところに引っ越したという。私が前回取材をしたわずか五ヵ月後のことだ。

今、ボンヘイとロチョムはどこに住んでいるのだろう。ボンヘイはまだ学校に通っているのだろうか。近所の人を聞いて回っても、誰も分からないという。随分前のことで、誰もロチョムと連絡をとっていないらしい。でも、そんなに遠くへは行っていないはずだ。少なくともシェムリアップのどこかで暮らしているはずだと思った。

しばらく、集落を歩き回ってボンヘイのことを知っている人を探して回ると、突然、六歳ぐらいの小さな子どもを連れた女性が「この子がボンヘイの住んでいる所を知っているって！」と声を掛けてくれた。一度だけ、ボンヘイが引っ越しをした先の家の近くに行って遊んだことがあるという。女性に三時間だけ、この子を連れていってもいいかお願いをし、了解をもらったので、一緒にトゥクトゥクに乗り込んだ。

祖母との再会

四〇分以上走り、アンコールワット遺跡前の一本道が見えてきた。

何でこんな遠くまで引っ越してきたのかと驚いた。観光客がチケットを買うメインゲートを少し通り過ぎたところを右に曲がると、突然でこぼこした砂道に入った。五〇メートルほど走って、「あそこだよ！」と少年が指差した場所にある家は、隙間だらけの木造の、小さな物置のような家だった。

トゥクトゥクに乗ったままもう少し近づくと、中から女性が出てきた。ロチョムだった。二年前よりも随分と痩せ、体が一回り小さくなったような印象を受けた。

もう一度ボンヘイの暮らしを取材させて欲しいと、どのように伝えたらいいだろうか。不安を抱えたまま、トゥクトゥクから降りた。

その瞬間に目が合った。するとおばあちゃんの顔の表情が突然柔らかくなり、前屈みになって、こちらに近づいてきた。私の前に立つと、両手を差し出してきた。

私が「チョムリアップ・スオ」(こんにちは)と話しかけると、おばあちゃんは手を強く握ってきた。そして私が話を始める前に「前に会った時に、あんな言い方をしてしまって本当にごめんなさい。気にしないでいてくれたらとずっと思っていたの」と、英語が話せる運転手を通して話しかけてきてくれた。

「ボンヘイは？」

さっそく聞いてみた。

「今、近くの川まで自転車で行っているの。きっと魚釣りでもしているわよ」

ボンヘイが一人で自転車に乗って、魚釣り？　信じられなかった。二年前のボンヘイからは、一人で自転車に乗って遊びにいく姿など、とても想像できなかったのだ。

二年の間に

ロチョムはそれからしばらくの間、この二年間の出来事をゆっくりと語った。

私がカンボジアを離れてから、チャリヤの体調はさらに悪化し、亡くなったという。ボンヘイは母の死をまだ理解していないようで、時々お母さんはどこに行ったのかと聞いてくる素振りを見せるそうだ。

いま二人が暮らすのは軍用地内で、知り合いの軍人の男性が宿舎の一部を使わせてくれるようになったのだという。その男性が若い頃、ロチョムが色々と面倒を見たことがあったからだ。とはいっても、その家も広くはない。男性が妻と暮らす六帖ほどの広さの部屋の奥にあるわずかな空間に、ベッドを入れ、そこでロチョムとボンヘイが一緒に寝ているのだという。

壁には穴が開いていて、雨が降れば家の中は水浸しになるそうだ。入り口の近くに置いてある鍋の中には、随分前に炊いたように見える、固く茶色くなった米が入っていた。この米を毎日少しずつ食べているのだと教えてくれた。奥の壁には私が二年前に撮影してプリントした、ボンヘイと当時飼っていた犬の写真が掛けられてあった。今も飾ってくれているのだと分かり、とても嬉しくなった。

「ボンへイはもう学校には行っていないの。私や仲間たちと一緒に、週二、三回、夜に繁華街で落ちている空き缶を集めて、それがたくさん溜まったら売っているのよ」

こう言うと、家の外に置いてある大きなビニール袋を見せてくれた。日本でよく見る四五リットルのゴミ袋より少し大きい袋の中に、潰された空き缶が入っていた。袋が満杯になると、二〇〇円ほどになるのだという。

チャリヤの遺灰は、街の中の仏塔に保管してもらっているという。経済的にも厳しく葬式をすることも、墓を作ってあげることもできなかった。亡くなった遺体をそのまま燃やし、灰だけを預けているのだそうだ。

「明日、良かったら一緒に行きませんか」と言われたので、翌日再び会うことにした。

軍用地内の他人の家に住まわせてもらっているため、人を泊めることはできない。そのため私はゲストハウスに寝泊まりし、この家に通うことにした。

ここまで案内してくれた子を早く自宅に返さないといけなかったこともあり、この日は日が沈む前に帰ることにした。

遺灰のもとへ

翌日、再びボンへイとロチョムが暮らす家に向かった。

この日からは通訳を付けずに取材をすることにしていた。私が到着するとすぐに、おばあちゃんは家の中からボンヘイを呼び出した。

二年前よりも少しだけ背が伸びたボンヘイが部屋から出てきた。この日は日差しが強く、ボンヘイは一歩出るなり、玄関脇に置いてある日傘を取り出し、傘をさしてロチョムの隣りを歩き始めた。そのままチャリヤの遺灰が納められている仏塔がある寺院に向かうことになった。

寺院に到着すると、私たちは大きな黄金色の仏像がある部屋へ通された。

仏像の背中に何百もの小さな壺が置いてある。小さな懐中電灯を使って、僧侶が見つけ出してきたチャリヤの遺灰が入った壺は、高さ一五センチほどの小さなものだった。

ロチョムが両手でそっと持つと、ボンヘイは顔を近づけ、興味深そうに見つめた。中にお母さんが入っているとは分からないようだった。

耳が聞こえないボンヘイに、「お母さんだよ」と伝えることができない。絵や写真などを使って伝えようとすれば伝えられるかもしれないが、おばあちゃんはまだ伝えていなかった。

ロチョムは、その壺を持つと私の方をじっと見つめた。その瞬間、写真を撮らなくてはと、とっさに思い、私は持っていたカメラを構えシャッターを押した。隣りに立っていたボンヘイもこちらに目をやったが、その表情がとても悲しく見えた。

写真を撮り終えると、ロチョムはゆっくりと向きを変えた。言葉は交わさなかったが、私が

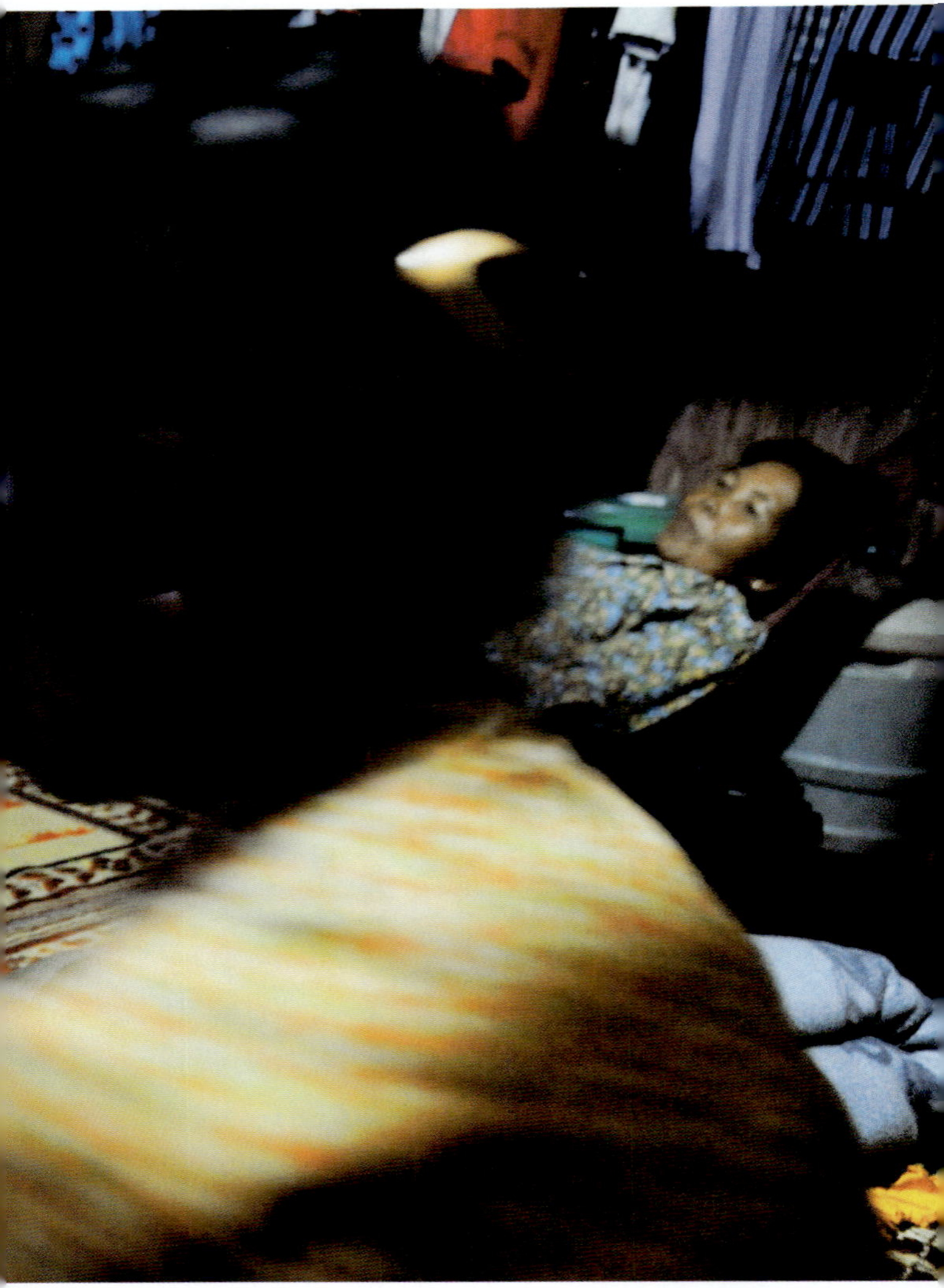

耳が聞こえず話すこともできず，母親や祖母との意思の疎通が上手くいかないため，困惑の表情を浮かべるボンヘイ（2009 年 11 月，カンボジア・シェムリアップ）

OHN DEER

嫌がるボンヘイを持ち上げて自転車に乗せ，
学校に送る祖母ロチョム

聾学校での授業中に集中力がなくなり席を離れ，
窓の格子に毛糸を巻き付け遊び始めたボンヘイ

トゥクトゥクから外を眺めるボンヘイ

就寝前に蚊帳の中で手振りでコミュニケーションを取るボンヘイと母チャリヤ

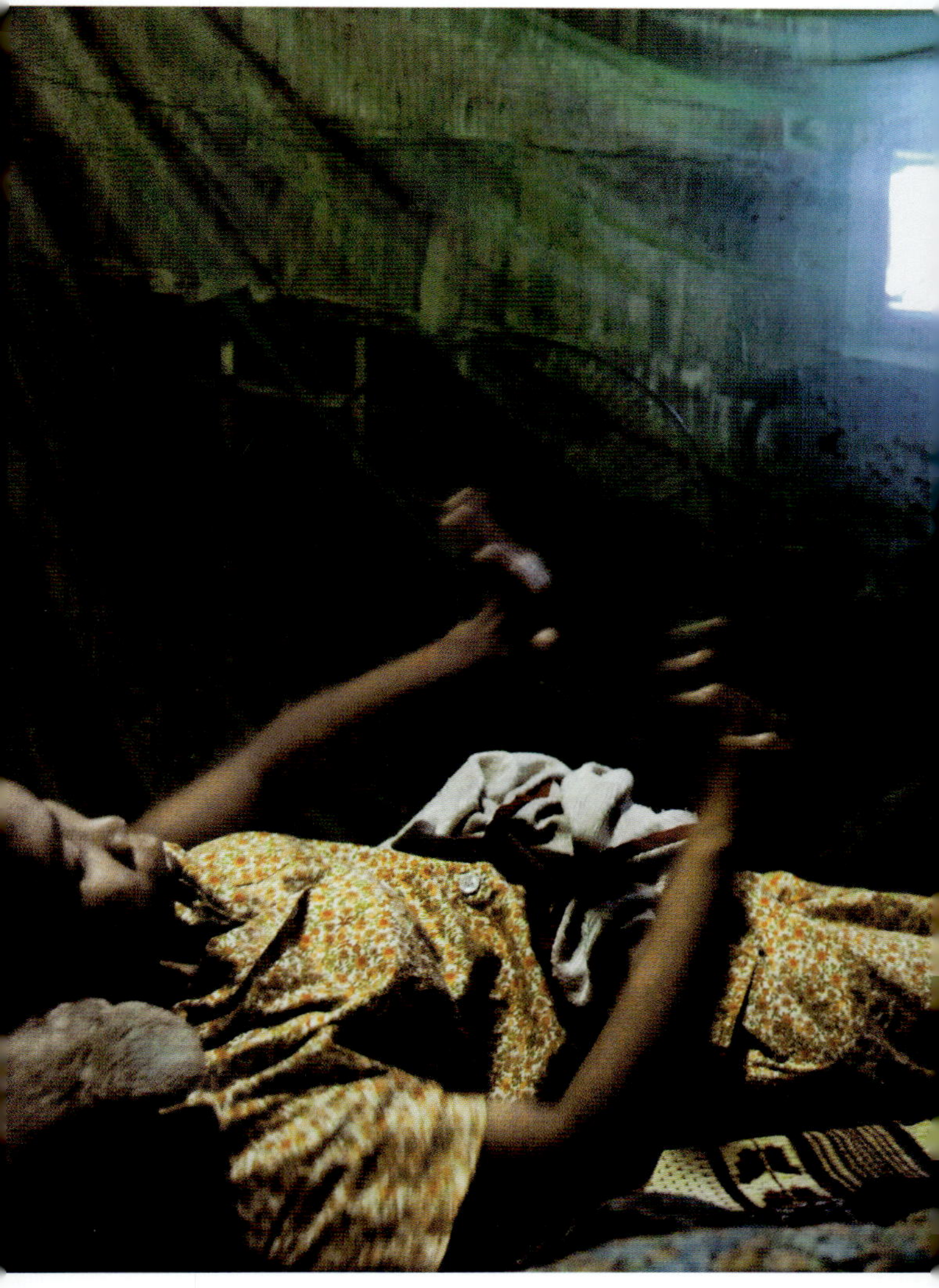

可愛がっている犬に頬を寄せて微笑むボンヘイ

2010年春に亡くなった，母チャリヤの遺灰が入った小さな壺を手にカメラを見つめる祖母のロチョムとボンヘイ（2011年11月，カンボジア・シェムリアップ）

そこで写真を撮る必要があるのだと最初から分かっていたようだった。

移動遊園地

二人は時々、夕方になると、移動遊園地や繁華街へ空き缶を集めに出かけた。

ある日、昼の三時すぎにボンヘイの家に行くと、ロチョムが街に出る準備をしていた。三人で一緒に出かけるのかと思っていたが、「ボンヘイは先に一人で自転車で向かっている」と、身振り手振りで教えてくれた。日が暮れ始めた夕方の五時ごろ、私とおばあちゃんは一台の自転車を押しながら、家を出た。

移動遊園地はかなり遠く、歩いたら二時間以上かかる距離だ。本当はトゥクトゥクを使って現地まで行くのが一番早いが、それはしたくない。それでも自転車は一台しかない。私たちは横に並び、長い一本道を歩き始めた。途中トゥクトゥクに乗った外国人旅行客がアンコールワットの観光を終えて私たちの横を通り過ぎていく。

一時間近く経った頃、突然おばあちゃんが立ち止まり、二人乗りをしようと提案してきた。

「あっ、そうだ。何で、いままで思いつかなかったんだ」と、私は自転車をこぎ、ロチョムには後ろに座ってもらうことにした。二〇分ほどで、移動遊園地に到着した。

既に日は落ちていたが、キラキラ輝く乗り物や屋台のネオンで、それほど暗くは感じなかった。何百人ものカンボジア人の家族連れやカップル、外国人の客たちで賑わっていた。芝生に座ってビールを飲んだり宴会をしたり、あちらこちらのカフェからは笑い声が聞こえてきた。子どもたちは楽しそうに観覧車などの乗り物に乗って遊んでいた。

その時、突然ボンヘイの姿が目に入ってきた。一人で大きな袋を引きずりながら、空き缶を集めていたのだ。袋の中には既に何十もの缶が入っていた。

私たちが到着するずっと前から、一人で自転車に乗りここまで来ていたのだ。二年前のボンヘイだったら、周りのきらびやかな乗り物に乗りたいと言い出して、チャリヤの前で泣きわめいただろう。それが今は、同じ年頃の子どもたちが遊んでいるその横で、ただ黙々と缶を集めている。これが僕の生き方なのだ、と冷静にその事実を受け止めているように私には見えた。

私は、ただただボンヘイのあとを付いて歩いた。草むらの上に敷いたシートで宴会を開いているカンボジア人の男性たちの中に突然ボンヘイが入っていった。そして何も言わずに手を差し出す。男性たちはボンヘイが手にしている袋を目にしてようやく空き缶を探しているのだと理解し、飲み干した缶を渡していた。そして何やらボンヘイに話しかけた。

しかし、ボンヘイは耳が聞こえない。途方にくれたようなボンヘイの表情を見て、男性たちは驚いていたが、何事もなかったように宴会を再開した。そしてボンヘイは別の場所を探した。

「この子はホームレス？」

ふと、遊園地の入り口に近い場所に目をやると、カンボジア人とは身なりが違う数人の男女がバスから降りてきた。韓国人の観光客のようだ。彼らはボンヘイに近づき、そして、すぐ横にいた私に、英語で話しかけてきた。

「この子はホームレス？」

数年前までは小さくても自分の家があって、学校にも通い、近所の友達もいて、裕福ではないが普通の子どもと同じように暮らしていた。だが、二年前に母親をエイズで亡くし、学校に通えなくなり、ＨＩＶに感染していることも知らずに、祖母と支え合って生きている。しかし、この遊園地にいる誰もが、そんなことは知らない。傍から見たら、「ホームレスの子」と表現されてしまうのだ。

ボンヘイが空き缶を探し、ジュースやビールを飲み干しそうな人びとの前で待ち構え、ときどき疲れては地面に座りこむ姿を、私は撮影した。

確かに、写真で一人の人間の人生や、ましてや社会を変えることなど、そう簡単にできることではない。私も、そこまで楽観的ではない。それでも、一人の人間、一つの家族、一つのコミュニティーを時間をかけて、一緒に生活しながら取材すれば、そこに単なる「被写体」を超えた何かが見えてくるはずだ。

ボンヘイと一緒にいる時の私は、事情を知らない人から見たら、何て冷たいんだと思われただろう。空き缶を探して回る小さな男の子とおばあさんに、大きな一眼レフカメラを向けて付きまとう日本人。想像しただけで自分自身でも嫌気がさしてくる。周りの目も気になってしまう。実際、すれ違う人たちは振り返って私のことをじっと見ていた。

正直に言えば、一瞬だけだが「何をやっているんだろう、私は」と思う瞬間もあった。写真を撮らないで、ただ一緒に歩いている方が、どんなに楽かと思う。ボンヘイ、ロチョムと私との間で、撮影についての理解があることだけが、ここでは唯一の支えだった。撮影することについて築かれた信頼関係がありながら、撮ることができなければ、それは単なる自分自身に対する甘えでしかない。

帰り道で

この日は四時間ほど、缶を探して回る二人についてまわった。夜も更け、午後一一時ごろ、集めた缶の袋を持って三人で遊園地を去ることにした。ボンヘイは懐中電灯を頭につけると、自転車にまたがった。後ろには大きな缶の袋をヒモで縛り付ける。私は来た時と同じように自転車に乗り、ロチョムには後ろに座ってもらった。

「行くよ」という合図なのか、ボンヘイは私の方を見てうなずくと、勢いよく自転車をこぎ始めた。ボンヘイの額に付けられた電球の光が夜道を明るく照らしている。時々こちらを振り返って笑顔を見せる。私は自転車を運転しながら、片手で時々肩から下げていたカメラを持ち上げ、ボンヘイの後ろ姿をぐらつきながら撮影した。そのたびに後ろに座っているロチョムが「あー」と言って私の体をギュッと摑んだ。

二年前、なかなか学校に行きたがらず泣きわめくボンヘイの体をロチョムが持ち上げて自転車の後ろに乗せ、学校まで連れて行っていた、あの日の二人を思い出した。あのボンヘイが今では二人の生活を支えている。母がいない日常が当たり前になり、自然とそうなったのだろう。

帰国の日

出国する日の朝、二年前と同じように今回撮影した写真のプリントを持ってボンヘイの家に向かった。この日は、初日と同じようにボンヘイの姿がなかった。

「今日も川に魚釣りに行っているの」と言いながら、ロチョムは自宅から出てきて微笑んだ。写真を手渡すと、とても嬉しかったようで、何度も繰り返し眺めていた。そして、運転手を通してこう言った。

「次にあなたが戻ってきてくれる時、私はもう生きていないかもしれない。生きていたとしても目が見えなくなってしまっているかもしれない」

おばあちゃんは、結核にかかっていて、視力を失いつつあることを打ち明けた。

その時、ボンヘイが元気よく帰ってきた。川で釣ってきた五センチほどの小さな魚を二匹、誇らしげに私に見せてくる。

次に私がここに戻って来る時、この二人の生活はどうなっているのだろうか。ロチョムと最後に長い握手をしながら、考えていた。

ボンヘイは今もＨＩＶに感染していることを知らずに生きている。いつかおばあちゃんがいなくなったら一人で生きていかなくてはならない。その時に直面する現実にどう向き合っていくのか。

これからもボンヘイに向き合い続けていくつもりだ。

第4章　硫酸に焼かれた女性たち——パキスタン

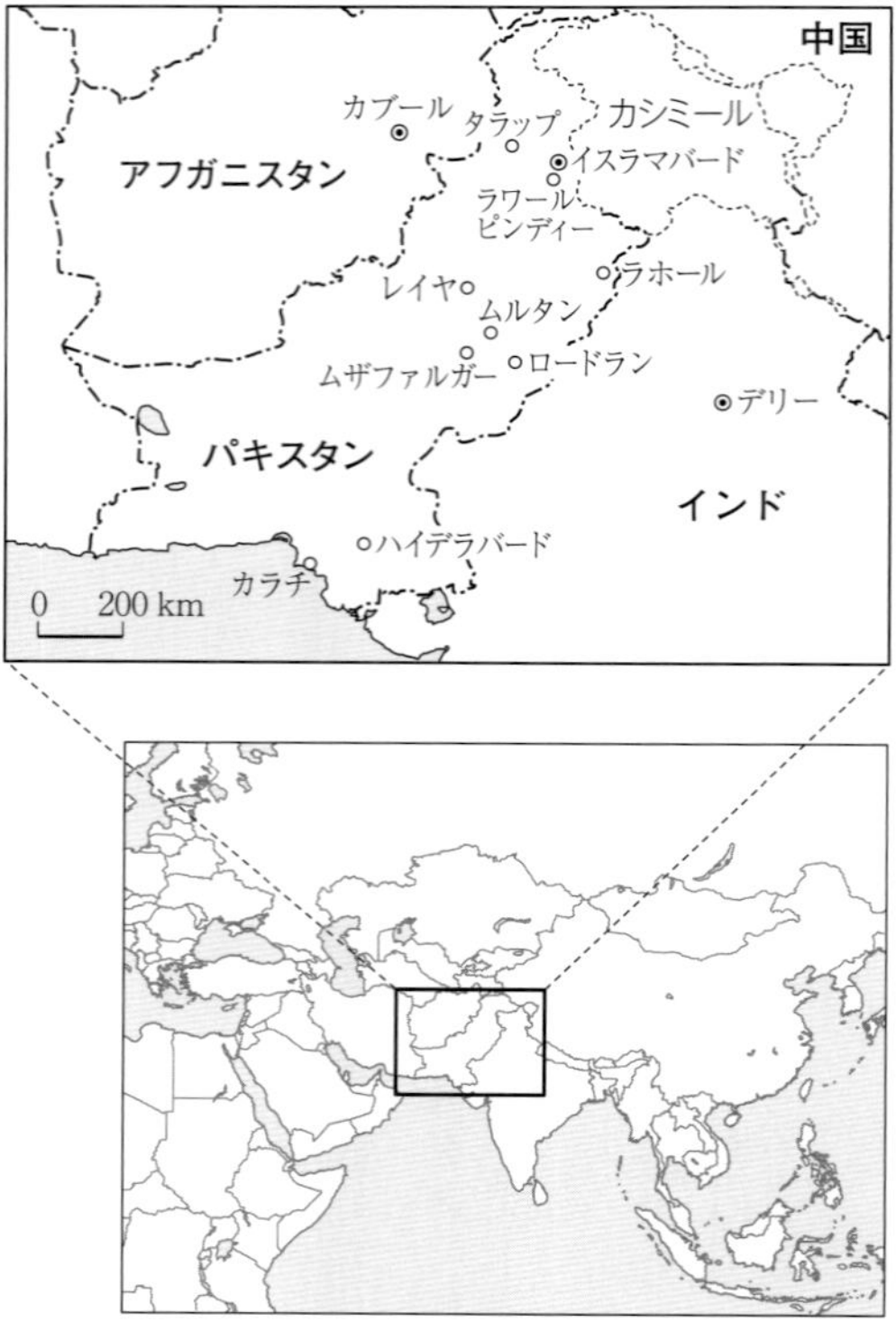
中国
カブール
タラップ
カシミール
アフガニスタン
イスラマバード
ラワール
ピンディー
ラホール
レイヤ
ムルタン
ムザファルガー
ロードラン
デリー
パキスタン
インド
ハイデラバード
カラチ
0 200 km

生活の中へ

「硫酸の被害に遭う女性たちの存在は知っていたの。でもまさか、自分の顔に硫酸をかけられるなんて思ってもいなかった」

うつむいて、ポツリとこう話すセイダに初めて会ったのは二〇一〇年七月だった。

カンボジアの一回目の取材を終えてから一〇ヵ月後、私は、男たちから硫酸をかけられ火傷を負った女性を取材するため、パキスタンの首都イスラマバードにある支援団体Acid Survivors Foundation《アシッド・サバイバーズ・ファウンデーション》(ASF)のシェルターを訪れていた。ここでは、カウンセリングや手術を受ける硫酸被害者たちが、ひっそりと暮らしていた。

パキスタンでは、結婚や交際を拒否したり、浮気の疑いをかけられたりした女性が、名誉を傷つけられたとする男や近親者から報復として顔に硫酸をかけられる事件が後を絶たない。何も理由がなくても、家庭内暴力(DV)のなかで被害に遭うこともある。

初めて被害が報告されたのは一九六七年。ASFの調査によると、被害者数は年々増加傾向にあり、年間一五〇～三〇〇人。その大半が一〇代の女性たちである。それでもこれは氷山の一角に過ぎず、ASFの女性職員は「タリバン勢力が伸長するパキスタン北西部や都市遠方の村では、被害を受けても警察に通報することも、治療を受けることもできない女性が多い」と話す。

以前にも、硫酸被害者の取材をしたフォトジャーナリストたちは何人もいた。ただ、発表された写真のほとんどが被害者のポートレートだった。硫酸がどれだけ顔を傷つけるのかを伝えるにはそれで十分かもしれない。しかし、私はそれ以上に、被害者たちの日常の暮らしが知りたいと思った。それが今回取材に出た理由だった。

どのような環境の中で、毎日何を見て、何を考えて生きているのか、日々の生活を切り取りたいと思った。そのためには、彼女たちと同じ環境で暮らし、彼女たちが周囲の社会をどう見ているのかを感じた上で、撮影をしたい。もちろん、アングルや光を考えて一枚の写真で被写体の置かれた状況を浮かび上がらせなければならないポートレートも難しいが、被写体の生活に入り込むには根気がいる。時間をかけて取り組もうと考えた。

取材初日

イスラマバードの中心部から車で二〇分ほど離れた住宅街に、コンクリートの二階建ての建物がある。ＡＳＦのシェルターだ。

正午過ぎに着くと、私は施設のボランティアスタッフに案内され、被害者の女性たちが暮らす二階に上がった。階段を上がったすぐそこにある踊り場で、被害者の女性が四人と、そのうち一人の息子の計五人が昼食を取っていた。これから長く続く取材のことを考えると、私の存在が気にならない程度に溶け込む必要がある。この日はカメラを取り出さずに、彼女たちの午後の時間を共に過ごすことにした。

昼食が終わると、彼女たちは看護師の診察を受け、その後はテレビを見たり、ビーズでアクセサリーを作ったり、洋服を縫ったり、絵を描いたり、それぞれの時間を過ごしていた。案内をしてくれたボランティアのサラは、私にこう教えてくれた。

「被害者のほとんどがすごく保守的な地域の出身で、これまで一度も学校に行ったことがない人が多いの。硫酸をかけられてこの施設で生活するためにイスラマバードに来て、初めて、おしゃれをして一人で町を歩く女性や、働く若い女性たちを目にして驚くんだって。女性が自立して生活しているから」

流暢な英語を話すサラは一六歳の女子高校生。国連で働くことを目指し、大学受験の準備をしながら、この施設で働いていた。休日にはジーンズとＴシャツを着て、ピザ屋で私にごちそうしてくれたこともあった。都会の女の子で、硫酸をかけられた女性たちが暮らしていた田舎の村や町の女性たちとは、受けた教育、価値観、育った文化が違っていた。

セイダ

シェルターを訪問した初日、一人だけ被害者からゆっくり話を聞くことができた。二二歳のセイダ・コーセルだった。七回目の形成手術を控えていた彼女も、この施設に来るまでは学校に行ったことも、読み書きを習ったこともなかった。

セイダは二〇〇八年二月三日未明、午前三時ごろに突然、夫のバヒール(四五歳)に硫酸をかけられた。結婚からわずか四ヵ月、バヒールからの日常的な暴力に耐えきれず、パキスタン東部の村から北西部の母の住む実家に避難した矢先のことだった。

バヒールは硫酸の入った瓶を手に外壁を越えて侵入し、中庭で寝ていたセイダの顔を目がけて硫酸をかけた。セイダの悲鳴を聞いて駆けつけた村の医師は、睡眠薬を渡すと「朝まで待つように」と言い残して、帰ってしまった。

「あの日の朝までの数時間は、地獄のようだった……」。こう言って、セイダは下を向いた。

今、私の目の前にいるセイダの両目は引きつり、アゴの皮膚は落ち、何度も繰り返したであろう皮膚の移植手術のために、所々不自然なしわになっている。

「この二年間、近所の人たちから「醜い」とか「気持ち悪い」と言われ続けてきたの」

田舎の村では被害は放置され、加害者に対する処罰が行われないことが多くある。たとえ加害者が逮捕や起訴されても、警察や裁判官が買収されたり、被害者が周囲の圧力に負けて被害申告を取り下げたりすることもあり、加害者が有罪になるケースは滅多にない。賠償を求めて訴えても、女性自身のみならず家族が報復される恐れがあり、そもそも裁判を起こす費用が工面できない場合も多い。

硫酸による暴力は、パキスタン以外にもバングラデシュやアフガニスタン、カンボジア、ウガンダなどの国々でも多く発生している。皮膚が焼かれ、鼻や耳が溶け、傷は骨まで達し、まぶたが眼球に溶着して失明することもある。重度の火傷の跡が残り、皮膚がつっぱり思うように動かない。いくら辛く苦しい手術を繰り返しても、元の顔を取り戻すことはできない。

私は、翌日からＡＳＦのシェルターに毎日通い続けることにした。

九歳の少女も

一日数枚しか撮影しない日もあったが、二、三日経つと、シェルターの女性たちがあまり私のことを気にしなくなってきたように感じた。当時の私は二六歳。被害者たちの多くは、同じ世代だった。

セイダは、動物が好きで、テレビの前に座り動物専門チャンネル「アニマル・プラネット」をよく見ていた。パキスタンで流行していたインド映画も放送されており、セイダは共に暮らすナイラ・ファラハットと、どの俳優がかっこいいかと楽しそうに話し込むこともあった。

二〇歳のナイラも硫酸の被害者で、この施設でセイダに出会った。歳も近く、同じ痛みを分かち合う二人は寝食を共にし、お互いの体験を語り合う中で、深い絆が生まれていった。

若い二人は、おしゃれにも関心がある。よくマニキュアや口紅を塗り合って遊んでいるところを目にした。シェルターに通い始めて四日目、そんな二人の様子を撮影していると、ナイラが微笑んでこちらに近づいてきて、私の唇にも真っ赤な口紅を塗り始めた。三人で和気あいあいと遊んで過ごす時間も多くなってきた。

夕方になり少しだけ涼しくなると、シェルターの屋上にみんなで出ていき、ダンスをした。ナイラやセイダも被っていたスカーフをはずして、二人とも大声で笑いながら楽しい時間を過ごしていた。私たちの輪の中には、九歳の少女、アフィシャン・ビビもいた。三ヵ月前に硫酸をかけられたばかりだった。

アフィシャンの姉にプロポーズを断られた男が自宅にやってきて、庭で食事をしていたアフィシャンたち家族めがけて硫酸を投げつけたのだという。母親は重度の火傷で数日後に亡くなった。アフィシャンの右目にもかかり、ただれてしまったのだ。

散歩

朝起きて、鏡に映る自分の姿をしばらくじっと見つめているセイダやナイラの姿を目にすることも多かった。時々、市内の市場に買い物に行くこともあったが、必ず日が暮れた夕方以降だった。できるだけ火傷の顔をスカーフで隠し、あたりは暗くなっているのにサングラスを付けて外出することもある。周囲の目を気にして下を向いて歩くが、賑やかな店や街灯の前を通り過ぎると、すれ違う人たちが振り返って、彼女たちの顔を覗き込もうとすることもあった。

ある日、私たちは散歩に出かけたが、セイダは私に向かって「あなたは日本人だし、私たちはこんな顔。目立っちゃうよね」と言い、小さく笑って、また下を向いた。

シェルターの中では明るく振る舞うセイダやナイラが、一歩外に出ると突然、無口になり、人通りの少ない小さな路地を歩こうとする。化粧をして堂々とショッピングを楽しむパキスタンの女性たちの姿を見た時に、シェルターの中では感じることがなかったセイダたちの絶望感が、じわりと伝わってきた。

被害者たちにとって、事件後の恋愛、結婚、就職は困難になる。加害者にとってはそれが狙いなのだ。一生元通りにはならない深い傷を相手に残し、苦しませることが目的なのだ。

ある日、シェルターの中で撮影をしていると、ナイラとセイダがプリントされた写真を私に見せてきた。そこには笑顔が可愛らしい少女が写っていた。硫酸をかけられる前に撮影された二人の写真だった。

その様子を見ていた、九歳のアフィシャンも小さな箱を私の前に差し出した。中には同時に硫酸をかけられ、その数日後に亡くなったお母さんの写真が入っていた。

ナイラ

七月末、五回目の形成手術を終えたナイラは、実家のあるパキスタン中部の村レイヤに帰宅することになった。私はASFの男性職員ジャトイと、その息子の高校生アッサンと一緒に彼女の暮らす村を訪れることにした。アッサンは英語を話せるため、必要な時だけ通訳をお願いした。この時期、パキスタンの内陸部は連日五〇度近い猛暑が続いていた。

ナイラの自宅は市場の裏にある。玄関にドアはなく、布がかけられただけだった。布をくぐると一家が団欒をする空間に、夜はベッドとして使われる長椅子が置かれている。ナイラ以外に、父、母、そして一八歳と一五歳の弟の計五人家族だ。

二〇〇三年八月一四日、当時一三歳だったナイラは、学校の先生の友人からの求婚を断った直後、報復として下校途中に硫酸をかけられた。顔の皮膚と左目のまぶたは溶け、失明した。シェルターで私に見せてくれた被害に遭う前のナイラの写真を再び見せてもらった。硫酸をかけられる二日前に撮影されたそうだ。ナイラはいつもこの写真を大切に持ち歩いていた。鮮やかな赤いパキスタンの民族衣装を着て、頭にはキャップ帽を被ってカメラの方を向いて笑っている。健康的なふっくらした笑顔の七年前のナイラが写っている。

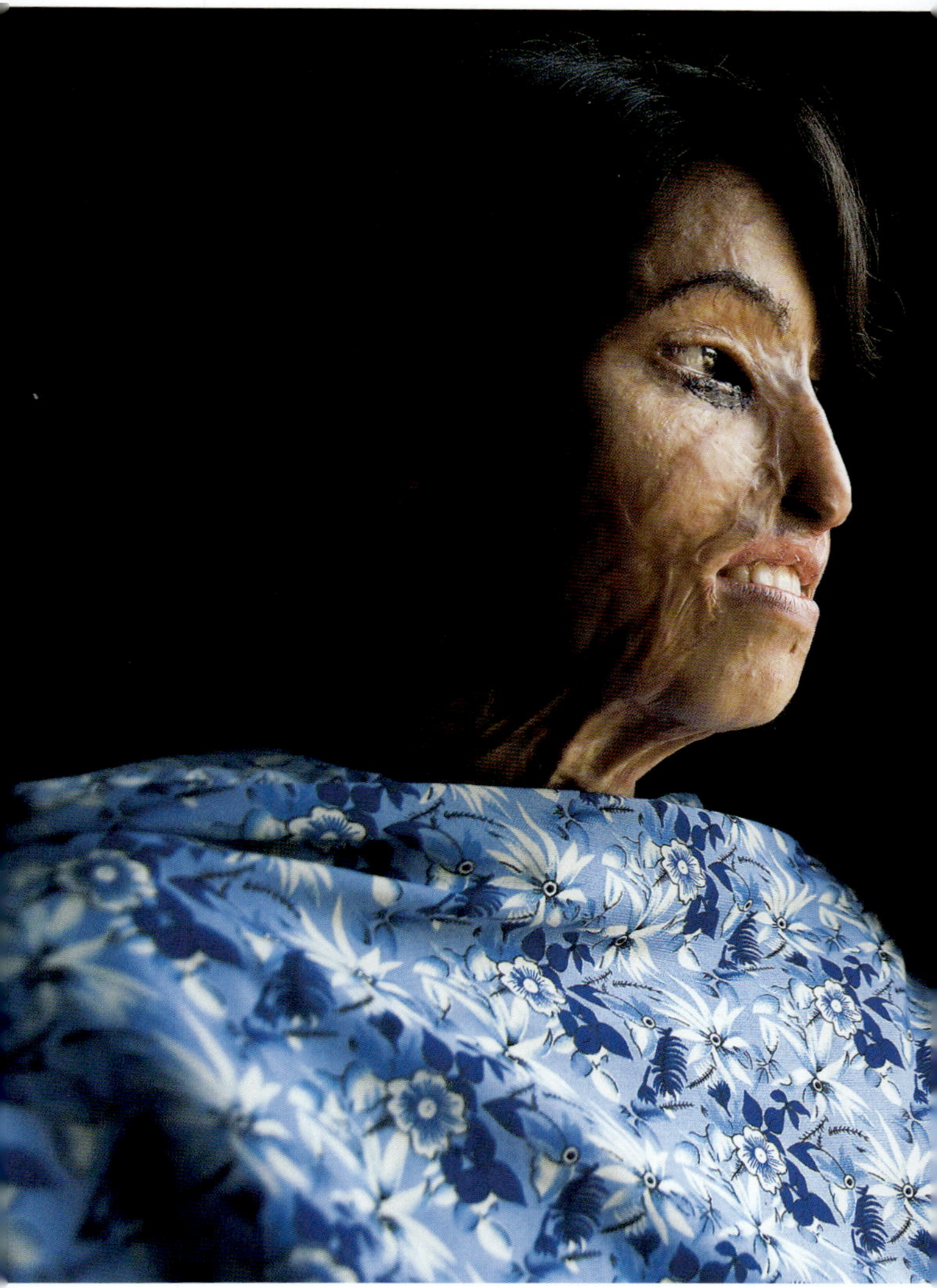

夫からの暴力に耐えられず避難した実家で，追いかけてきた夫に就寝中に硫酸をかけられたセイダ(22 歳)．火傷で，顔から首にかけての皮膚は溶け落ちた(2010 年 7 月，パキスタン・イスラマバード)

大腿部の皮膚を顎から首にかけて移植した後，仮留めの金具を外す処置で激しい痛みを必死にこらえるセイダ（2010年8月，パキスタン・ラワールピンディー）

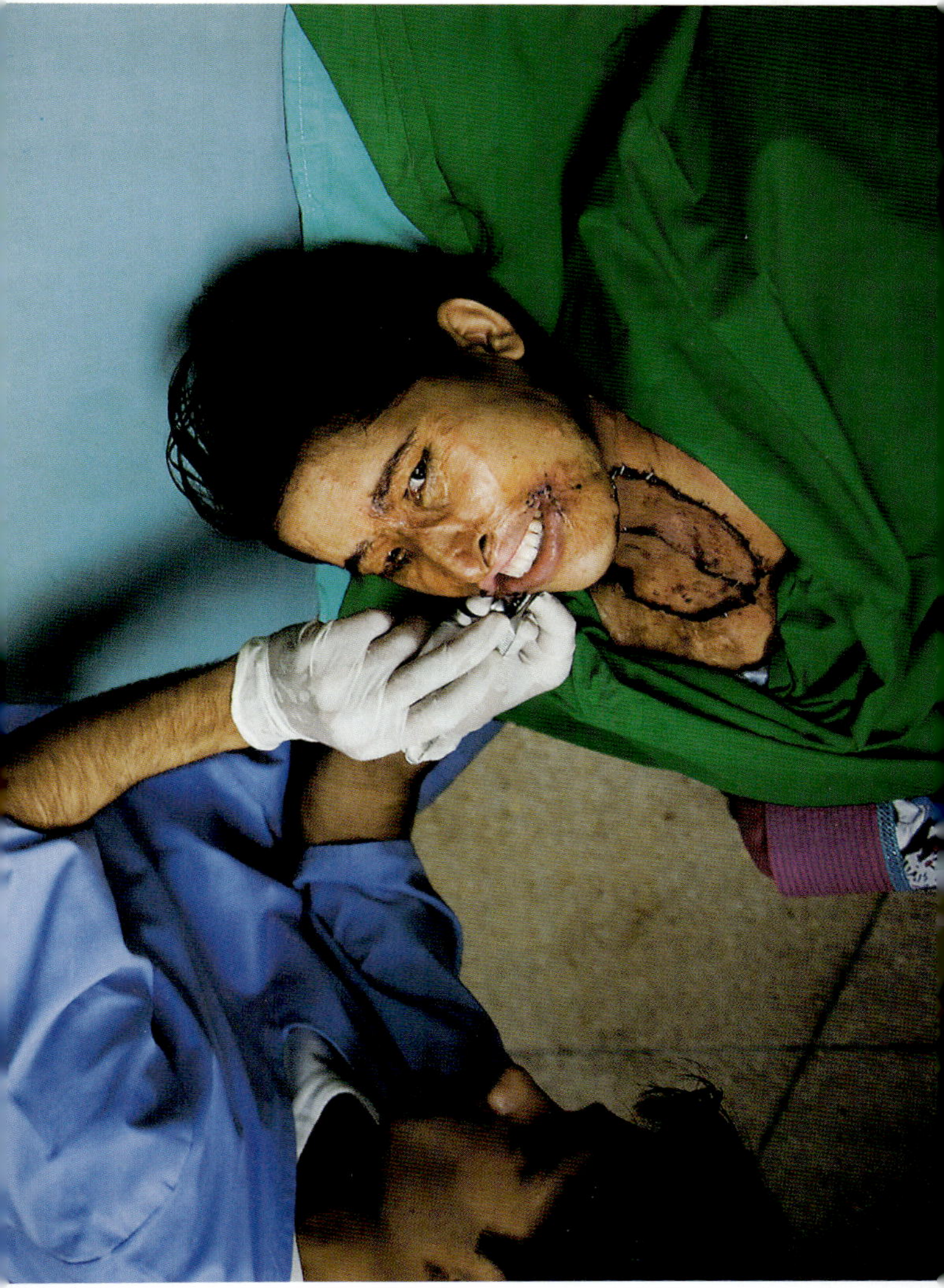

洪水の被害を受けた実家近くの村の様子を見に来たセイダ．視線を気にして外では日没までスカーフで顔を覆う（2010 年 8 月，パキスタン・タラップ）

実家の庭に敷かれた布団に横になり，就寝前に月明かりの下でくつろぐセイダ

実家のベッドに腰掛けるセイダ(左)と，看護師のベルキース

8 年前，就寝中に硫酸をかけられたシャミン(35 歳)
(2010 年 7 月，パキスタン・ロードラン)

2000 万人以上が被災し約 1800 人が犠牲になった大洪水の発生から 1 ヵ月後，崩壊したモスクの前で祈りをささげる被災者たち(2010 年 9 月，パキスタン・ムザファルガー)

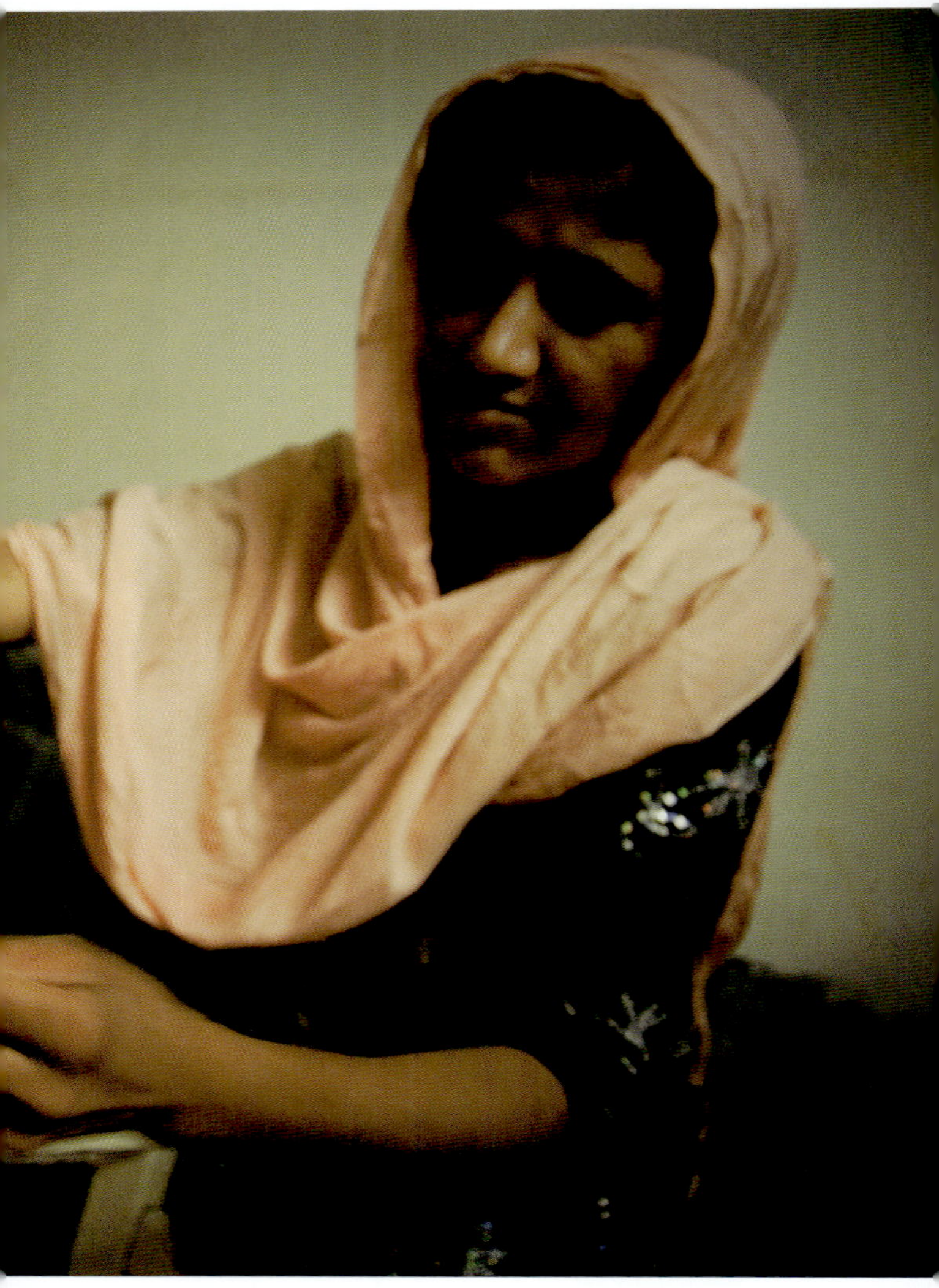

硫酸による被害直後，病院に運ばれてきたナシーム(28歳)．知人の男に愛人になるよう言われ，とっさに靴を投げつけた．男はその夜，復讐として硫酸を浴びせた(2010年9月，パキスタン・ムルタン)

13歳の時に教師の友人からの求婚を断り，報復として硫酸をかけられたナイラ(20歳)．顔の皮膚は溶け，左目と左耳を失った．手にしているのは被害に遭う2日前に撮影された写真(2010年7月，パキスタン・レイヤ)

「私が硫酸をかけられたのは、パキスタンの独立記念日。毎年この日は国中がお祝いで盛り上がるけど、私にとっては地獄のような日なの。この日は誰に対しても寛容であるべきだと言われているけど、私に硫酸をかけたあの男だけは、絶対に許さない」

ナイラの家族の生活は事件後に厳しくなった。父親のナズィール（六八歳）は、裁判を起こすための資金を得るため当時住んでいた家を売り払い、安いこの借家に引っ越した。いまは売店で紅茶などを売り、月に約四〇〇〇ルピ（四〇〇〇円）を稼ぐ。そのうち家賃は二〇〇〇ルピ。残りの二〇〇〇ルピで一家を養っている。

「事件後、私たちの生活は本当に貧しくなってしまいました。それでも私には大切な娘を守り、家族を養う責任があるのです」。そう言うと、ナズィールはナイラの肩に手をまわした。

温かい家族に支えられて、ナイラは警察に被害を訴え出た。男は逮捕され、裁判所は男に一審で懲役一二年の刑を言い渡した。ところが、高裁が刑期を四年へと大幅に減刑したうえ、罰金を支払うなら服役を免除すると改めた。最終的には、最高裁が二〇〇九年一一月、高裁判決を破棄し、再び一審の判決内容に戻した。これはパキスタンで初めて硫酸の被害女性側の訴えが認められ、犯人に刑事罰が科された判決となった。

ナイラには「弁護士になって同じ硫酸被害に苦しむ女性の権利を守りたい」という夢がある。ナイラは学校に通っていたために、文字を読む事ができる。

ナイラの実家での取材が終わり、私は一〇〇キロほど離れたパキスタン中部の町ムルタンへ向かった。ムルタンは綿産業が発達しており、農村が多い中部の村々では洗剤や農薬の一部として硫酸が一般的に使用されている。そのため容易に手に入れることができ、この地域での被害報告が多い。ムルタン市内の市場では、容器に入れられた五〇〇ミリリットルの硫酸が一〇〇円ほどで売られていた。

ある店の主人は「客が買いにきても実際に何に使うかなんて、確かめることは不可能だよ。でも顔にかけるなんていうむごい事件がなくならないのは残念に思っている」と話す。

同じ硫酸被害が報告されているバングラデシュでは、二〇〇二年に酸を使った犯罪に重罰を科し、さらに硫酸の売買を厳しく制限した。それ以降、硫酸による事件は半分に激減した。パキスタンにも同じような法律を適用させるべきだという意見が人権弁護士や活動家たちの間で出てきていた。

私はASF職員のジャトイに硫酸の実験を見せてもらった。いらなくなった洋服をコンクリートの上に置き、その上から真っ黒い硫酸をかけると一瞬にして洋服が溶けてなくなってしまった。その破壊力に、しばらく立ちすくんでしまった。ジャトイは私のような取材者に硫酸とは何かを理解してもらうために、保管しているのだという。

シャミン・ビビ

パキスタン中部に滞在中、約一五人の硫酸被害者の取材をした。

ジャトイにつれられてムルタンから一直線に続く道路をひたすら四時間ほど車を走らせ、ようやくたどり着いた小さな村ロードランにシャミン・ビビは住んでいた。

「彼女はね、寝ている時に硫酸をかけられてね、加害者が誰だか分からないんだよ」

車から降りてシャミンの家に続く草むらを歩いている時に、ジャトイが教えてくれた。泥壁造りの小さな家は茂みの中にひっそりと佇んでいて、道路からまったく気が付かない。出てきたシャミンの顔は茶色く、目の周囲の皮膚が溶け白目がかなり露出していた。彼女は、優しく微笑んで私を迎えてくれた。

三五歳のシャミンは、一七歳の娘ハセナと生後五ヵ月になる孫娘のサビアと一緒に暮らしていた。まずは話をゆっくりと聞くことにした。

「八年前の夜中に、この家の外で寝ている時に突然硫酸をかけられたんです」

私は「誰にかけられたか、心当たりはないんですか?」と慎重に尋ねてみた。すると、通訳をお願いしていたジャトイの息子アッサンが、呆れたような目で私を見てきた。

「さっき、誰にかけられたか分からないってお父さんが言っていたの覚えてるでしょ?」

それでも、これほど人里離れて、移動手段が限られた場所までやってくるというのは彼女に相当な恨みを持った人ではないかと思った。それならば、少しは心当たりがあるのではないかと想像したのだ。私はアッサンに、もう一度聞いて欲しいとお願いした。

すると彼女はしばらくうつむいた後に、こう打ち明けた。

「夫の弟が硫酸をかけたんだと、私は思っているの」

話を聞くと、彼女が一五歳の時に、父親が一二〇ドルでシャミンを当時五五歳の夫ハフィズに売り、結婚をさせられたという。ハフィズの弟は若いシャミンと結婚した兄にずっと嫉妬をしていた。家の近くに住むのは、弟夫婦だけだ。

「私の顔にこんな火傷を負わせることで、その嫉妬心を紛らわそうとしたと私は確信しているんです」

「あなたの夫はそのことを知っているの?」

「夫は、硫酸をかけられたことを問題にするな、警察に言うなと言うんです。もしも、そんなことをしたら私たちの間にできた子どもを殺すと脅されました」

私はシャミンの娘ハセナの方に視線を向けると、彼女は悲しそうに下を向いた。今、シャミンにとって唯一心を許せるのは、娘のハセナだけ。二人の間にはもう一人一二歳の息子がいる。

六〇〇キロほども離れたパキスタン南部の都市カラチの工場で働いているという。一日の稼ぎはわずか二ドルだ。

夫のハフィズにはもう一人妻がいるという。一週間に一度、金曜日だけ自宅に戻ってくる。私が彼女を訪ねたのは月曜日。夫が帰ってくるまでに日にちの余裕があったが、いつ突然帰宅するか分からない。外国人の私が彼女と一緒にいるところを見られるのは良くないと思い、この日彼女のポートレートだけを数枚撮影し、それ以上は写真を撮らなかった。

一瞬を待って

私の突然の訪問にも落ち着いて話をするシャミンは、自分の歩んできた壮絶な人生もそういうものなのだと、何かを期待するのでもなく、受け入れているようにさえ見られた。あまりに理不尽で、想像を絶する苦しみに直面している彼女を前に、私だったらこの現実を受け止められるだろうか、前に進むことができるのだろうか、と被害者たちに会うたびに考えた。シャミンは別れ際に、こう私に言った。

「あなたは日本で生まれて、世界中を訪れて、色々な人たちに出会って取材をして、そういう生き方をしているのね。私が送っている人生とは違うのよね」

違うから何か意味があるということではなく、シャミンはただ素直に思ったことをそのまま口にしただけだった。しかし、シャミンは強くそう感じたのだと思う。

私がこれまで取材してきた女性たちも、口にはしなくても、そう思った瞬間があったはずだ。ただ、直接こう言われると、複雑な気持ちになる。私と「被写体」である女性たちの間にある壁を感じるからだ。壁があるのは事実だ。私たちは互いに生きてきた環境も、文化も、社会も、境遇も違う。それでも、その壁を少しでも薄くするために、私はできるだけ彼女たちと生活を共有し、彼女たちの日常を理解したいと思っている。

私は「取材者」なのだ。彼女たちのことを私だけが理解して、終わってはいけない。彼女たちの思い、人間性、一緒に生活して伝わってきたこと、私が感じたことを、写真という形で表現し、そこにいない人たちに伝えないといけない。それがあらわれる一瞬にたどり着くまでに時間はかかるかもしれないが、私はその瞬間を待つためにここにいるのだという思いを、いつも持ち続けている。

手術後

八月に入り、七回目の形成手術を終えたセイダを取材するため、イスラマバードに戻った。

シェルターの部屋のベッドには、セイダのお気に入りの人形だけが置かれていた。

翌日、セイダが首に包帯を巻いて入院先の病院から戻って来た。左脚の太ももの皮膚を顎から首にかけて移植する手術だった。いつも一緒に語り合っていたナイラは実家に戻ったままだったため、少しさびしそうにも見えた。

五日後、首の包帯を交換するためセイダと一緒に病院へ向かった。イスラマバードの隣りの都市ラワールピンディーの病院へ向かいタクシーを降りると、セイダが手を握りしめてきた。一緒に市場へ散歩に出かけた時のように、この日も通行人や院内の患者たちがセイダの顔を振り返って見ている。この日は頭にだけスカーフを被せていた。ただ、病院では好奇や嘲笑の目ではなく、大丈夫だろうかと気にかけるような視線だと私は感じた。

治療室に入り、首の包帯が外されると移植後に皮膚をつなぎ留めておいた何十もの金具を医師が一つ一つはずしていく。ホチキスの針のような金具が抜かれるたびにセイダが歯を食いしばり、必死に痛みをこらえていた。寄り添っている看護師の手を握るセイダが震えている。こんなに酷い目に遭わされても、これまで私の前で一言も弱音を吐いたことがなかった。

治療後、セイダは病院からパキスタン北西部にある実家へ直接帰宅する予定で、私も同行して数週間滞在させてもらうことにしていた。ところが、数日前に発生した洪水の影響でイスラマバードから郊外に出る道路の状態があまり良くないという情報がもたらされた。

私の携帯電話にＡＳＦの職員から連絡があり、「何があるかわからないので、セイダだけ先に帰し、あなたはイスラマバードで待機をするように」と指示を受けた。私はセイダが久しぶりに家族と対面する瞬間をどうしても撮影したいと考え、一緒に行きたいと主張したが、結局、職員の判断を尊重することにした。取材で世話になっている地元の人間の警告を振り切って行動したら、何か良くないことが起きるのではと、思っていたからだ。

セイダは一人で帰宅することになり、私は一〇日後にセイダの実家を訪れることにした。別れ際にセイダは「私の家に来てくれたら、きっと近所の人たちも、日本からわざわざ取材に来たのだと思って、私に対する見方を変えてくれる気がする」と話してくれた。

数時間前に必死に痛みをこらえていたセイダの表情を思い出し、セイダが今、どんな思いで生きているのか、しっかりと伝わる写真を撮らないといけないと、身が引き締まった。

実家での暮らし

一〇日後、ようやくセイダの実家に行く日が来た。イスラマバードから北西へ車で約六時間、パンジャブ州の山岳地帯のタラップという村にある。

シェルターの女性看護師ベルキースも休暇を利用して一緒に行くことになった。ほかに英語を話せる通訳を探したが、見つからなかった。セイダが男性の通訳は絶対にやめてほしい、家にも入ってほしくないというので女性を探したが、山岳地帯まで行くのは危険だからと断られてしまった。結局、二人で向かうことになった。セイダとはジェスチャーや私が持っているウルドゥ語会話集でコミュニケーションはしっかり取れていたので、大きな不安はなかった。

私が宿泊していたゲストハウスのオーナーのジャミルが、友人のドライバーを紹介してくれ、村まで運転してくれた。村の近くにはパンジャブ州とハイバル・パフトゥンハー州を隔てる川が流れ、緑の多い、自然豊かな場所だ。

自宅に着き、木の扉を開けて中庭に入ると、母ファリマと、一六歳の妹イクラ、一三歳の弟フィアズが温かく迎えてくれた。すぐに奥にある部屋からセイダが出てきて私の方へ駆け寄ってきた。手術後に久しぶりに会うセイダの顔は、以前とは違い顎と首の輪郭がかなりはっきりと分かるようになっていた。

中庭は一五帖ほどの広さで、セイダは一日の大半をここで過ごす。彼女が植えた大きなひまわりが、二つ綺麗に咲いていた。家族の食事や団欒はここで行われ、夜もここで寝る。時々近所のサル使いの男性を呼んできてくれて、芸を見せてくれることもあった。

奥にある泥で塗り固められた建物は一〇帖ほどで、着替えや昼寝に使われていた。室内にはセイダのお気に入りのジュエリーモデルのポスターが貼られていた。

夜は中庭に高床式のベッドを四台、隙間ができないように並べて置き、その上に布団を敷いて、セイダ一家四人と看護師のベルキース、私の計六人で並んで寝る。昼間は五〇度近くになるが、夜は涼しく外で星空を見上げながら就寝するのは、とても気持ちがよかった。

八月後半のこの時期、毎日夜中の午前二時ごろになると物音がして起こされた。セイダの母ファリマがスープを作る音が「コトコト」と聞こえてくるのだ。ちょうどイスラムの断食月(ラマダン)中だったために、朝日が昇る前に早めの朝食を摂る準備をしているためだった。手術を終えたばかりで治療食を食べていたセイダは断食していなかった。

みんなが朝食をとっている間に私の隣りで寝ているセイダを見ながら、私は時々目を閉じて、硫酸をかけられたセイダの当時の気持ちを想像した。

二年前、就寝中に侵入してきた夫に硫酸をかけられたのは、このベッドで寝ている時だった。夫が侵入してきたという家の外壁は高さが二メートルほどだ。顔に硫酸をかけられた後、地元の医師に朝まで自宅で待つようにと言われた後、どのような思いで朝まで待っていたのだろうか。当時の記憶と結びついたこのベッドで寝るということは、あまりに辛いはずだ。彼女はよく自宅に住みついている野良猫の親子を布団の中に入れて、抱きしめて寝ていた。

朝起きると、セイダは部屋の中で壁に掛けてある小さな鏡の前で、腰まである長い綺麗な黒髪をとかす。外出する時には髪を一つに結んでスカーフで覆い、顔も目だけを残してすべて隠れているのを鏡で確認し、安全ピンでずれ落ちないように留める。その様子を後ろで見ている妹のイクラは悲しそうな顔をして、何度も私に「いつもこうなの」と言いたげな顔で私に目で合図を送ってきた。

少し離れた場所まで外出する時には必ず弟のフィアズが付き添ってくれた。地域にもよるが、イスラム圏では女性だけの外出が一般的ではない場所がある。まだ一三歳だが、フィアズがいてくれたことで私は安心して村の中を歩き回ることができた。

丁寧に向き合う

この時、初めてセイダに出会ってから一ヵ月以上が経過していた。セイダは私が押すカメラのシャッター音に、ほとんど反応しなくなっていた。

長く向き合うと、その細かい心の揺れが自然に伝わってくるようになってくる。それを写真で表現しようと気負いすぎて、光や構図など、技術的なことばかり考えてしまうこともあった。だが、ここまで心を許してくれたのだから、中途半端な写真を撮るわけにはいかない。硫酸の被害者のような想像を絶する苦しみを抱えながら生きている人びとの境遇を知った今、技術的に整っただけの写真ではなく、しっかりと彼女たちの生きざまを映し出さなければならない。その責任感は、次第に強くなっていった。

彼女たちと寝食を共にすることで、少しずつだが、彼女たちが生きてきた社会や価値観を理解することができた。同時に、彼女たちも私の取材意図を理解してくれるようになった。私はときどき撮影した写真を見せたり、プリントして渡したりすることもあった。そうすることで、私がどのような視点で彼女たちの日常を見ているのか、具体的に示すことができた。

彼女たちの理解を得てはじめて、落ち着いてシャッターを切ることができる。ケロイドになった顔を撮影するのが、何となく後ろめたく申し訳ないと思っていると、きっとその遠慮やためらいの気持ちが写真に表れてしまうだろう。

初めてセイダに出会った日、私は写真を一枚も撮らなかったが、少しずつ彼女と向かい合ってきて良かったと思う。

お土産

実家での取材が終わり、私と看護師のベルキース、セイダの三人が再びイスラマバードに戻ることになった。迎えの運転手が到着した後、母のファリマに誘われて、近くの雑貨屋へ向かった。

ファリマから「あなたへお土産を何か買いたいの」と言われたが、慌てて「いらない、いらない」と首を振った。セイダの家の収入は一般のパキスタン人家庭よりはるかに少なく、食費も節約していた。「お皿がいい？　花瓶がいい？」と言われても断り続けたが、英語が話せる運転手を通じて「いらないなんて言わないで。ここでいらないと言われてしまったら、こんなに悲しいことはないいんだから」と、説得された。

ファリマが選んだのは、コーランの一部をアラビア文字のカリグラフィーで書いた木製の壁掛けだった。「これがいい、これを絶対に持って帰ってほしい」とプレゼントされた。私もお礼に果物を買おうとしたが、「何もいらない。私たちは何か欲しくて泊まってもらったんじゃないんだから。これ以上もう何も言わせないで。この話は終わり」と伝えられた。

ファリマの顔を見ると、しっかり私と目を合わせて、うなずいた。

洪水取材へ

イスラマバードに戻ってから、私は大洪水の取材に着手した。

洪水は私がちょうどナイラの自宅を訪ねていた七月下旬に発生し、国土の四分の一以上が水につかり、国民の一割以上の二〇〇〇万人が被災。犠牲者はこの時点で一八〇〇人を超えていた。九月中旬の二週間ほど、私は洪水の被害が深刻だった中部のムルタンへ再び向かい、被災地を取材することにした。二週間の契約で通訳を依頼した青年オワイスは、私より二歳年上で、今回の洪水ではＣＮＮなどの海外メディアのジャーナリストも手伝っていた。

この頃、パキスタン各地で自爆攻撃があり、私が滞在していたムルタン市内のホテルでは外国人が一人で外を出歩くことが禁止されるなど、情勢が緊迫していた。時には地元当局から、銃を持った大柄な武装警察官五、六人と一緒に動くようホテルを通じて指示されることもあったが、あまりに目立ちすぎて余計危険なのではないかと感じることもあり、彼らと行動をするのをあえて避けることもあった。

洪水の被害が甚大だったため、海外から取材に来たフォトジャーナリストたちと接触する機会も多く、ニュース取材に慣れていなかった私は取材の動き方や撮影方法、編集の仕方などを教えてもらうことも度々あった。

ある夜、ラマダン明けが近づいたことを祝う祭りが、被災者キャンプで催され、多くの海外マスメディアのジャーナリストやカメラマンと一緒になった。その中の一人、ロイター通信のフォトジャーナリストで、ボスニア人のダミルは、その日に撮影した写真をノートパソコンで物凄いスピードで選んでいた。「はじめまして!」と手を差し出すと、「ダミル、ロイター」と一言発して握手してくれたが、すぐに編集作業に戻った。

何の気なしに彼のパソコンの画面に目を向けると、鮮やかなコバルトブルーの衣装を着たパキスタン人の女性が映っていた。食料の配給を待っている人だかりの中心で、片腕を空に向かって上げ、必死な表情で訴えかけていた。そして、日差しが、ちょうどその女性だけに当たり、力強い目の周りの細かい汗までが輝いて写真に写り込んでいた。絵画のような完全な構図で、女性の声が写真から聞こえてきそうだった。しばらく、画面に見入ってしまった。

編集が終わると「パキスタンにはどのくらいいるの?」と話しかけてきてくれた。「もう二ヵ月以上。硫酸の被害者の撮影をしています」と答えると、「僕も二ヵ月前にカンボジアで硫酸の被害者の撮影をしたところだよ」と教えてくれた。

アドバイス

次の日の夕方、取材を終えた私は、前日の被災者キャンプへ再び戻った。そこではダミルが同じくロイター通信のパキスタン人カメラマンと一緒に撮影をしていた。翌日はラマダン明けなのでモスクを訪れる被災者を撮影したいと思っていたが、彼らも同じ取材を考えていることが分かり、翌朝から一緒に行動することにした。

洪水被害のニュース取材はドキュメンタリー写真とは違い、まるで流れ作業のように次から次へ別の被写体を撮影する。

「こういう大きな災害時には、僕みたいに大きな会社のスタッフカメラマンたちが必ずやってくる。フリーランスの写真家が同じ現場で撮影しても、よっぽど凄い写真だったら別だけど、すぐに売り込むのは本当に難しいんだ。とにかくネットワークを広げて、フォト・エージェンシー（新聞社や出版社などへの写真提供、著作権管理等を任せる代理組織）に所属していれば、アサイメント（仕事の依頼）が入ってくることだって多い。せっかくこうやって写真を撮っているのに、もったいないよ」

私は彼のこのアドバイスもあり、パキスタンから帰った後にポートフォリオ（写真作品集）を作って海外の報道・ドキュメンタリー写真を専門とするエージェンシーに私の写真を送ることにした。新聞や雑誌にプレスカメラマンが多い日本で、報道写真をやっていくのは、かなり厳しい。日本にいれば孤立しやすい状況を考えると、海外のフォトジャーナリストやドキュメンタリー写真に関わる人たちとの繋がりは持ちつづけたいと思った。

ナシーム——被害直後

パキスタン南部の都市ハイデラバードで洪水の取材を続けている最中に、一本の電話を受けた。以前、私が訪れた中部ムルタンの病院で働く医師からだった。

「今日、硫酸をかけられたばかりの女性が運ばれてきたよ」

私は洪水の取材を中断し、すぐに駅へ向かい、列車に乗りこんだ。

一三時間かけてムルタンに到着すると、すぐに病院に直行した。硫酸の被害者の女性がいるという病棟に医師の案内で入ると、「う〜」と痛々しい女性のうめき声が聞こえてきた。奥に目をやると、顔が真っ赤に焼けた女性がベッドに横になっていた。髪の毛は刈り上げられている。瞬きすることさえもほとんどできず、一日五回のマンゴージュースだけが喉を通った。

彼女の名前はナシーム・マイ。二八歳。六日前、知り合いの男に愛人になるようにと侮辱され、とっさに男を目がけて靴を投げつけた。その夜、男は仲間たちを六、七人連れてナシームの家に押し入り、寝ているナシームを押さえつけ硫酸をかけて逃げていったという。

「もう、早く死にたい。生きていたくない。死にたい……」

ナシームは、何度も同じ言葉を繰り返していた。私がそれまでに出会った他の被害者たちも「被害直後はとにかく早く死にたかった、殺してもらいたかった」と口々に言っていた。連れ添っていた妹たちは、足が痛いと訴えるナシームの体をマッサージして、慰めていた。

写真を見ながら

この日は、ただ彼女の隣りに座っていた。落ち着いた様子を見せた時、いくつか、ゆっくり言葉を交わした。しばらくすると、彼女が私の手を握ってきた。その手は乾いており、力がほとんど入っていなかった。

私はそれまでに出会った被害者の女性たちから聞いた話をナシームに話した。ナイラのように片目を失ってしまった女性、シャミンのように被害を訴えることすらできない女性たち、被害を受けて最初は死にたいと言っていたけど、今は美容師を目指して美容院で見習いをして、前に進もうとしている女性もいることを伝えた。

彼女は黙ってうなずいて聞いていた。何を考えていたのか分からないが、ほんの少しだけ気持ち着いてきているような感じも受けた。硫酸の被害者の痛みは、被害者にしか分からない。それでも、それまでに私が被害者たちから聞いていた話は、何かの力になるかもしれないと思った。

その時、通訳をしていたオワイスに「明日、いままでに撮影した女性たちの写真を見せてみたら」と提案された。それを聞いたナシームも、見たいという。ナシームのまぶたは開いていて、視力は失っていなかった。

翌朝、私はノートパソコンを持って再び彼女の病室を訪ねた。ナシームにそれまでに撮影してきた被害者の写真を見せながら、一人一人のストーリーをゆっくり説明した。

彼女はじっと写真を見つめて、「この子は何歳なの」「どこの出身なの」と色々と訊いてきた。こういうやりとりが被害者にとって、逆効果になることもあったかもしれない。硫酸の被害に遭った直後の女性に対して、顔を酷く損壊された女性の写真を見せることで、より悲観的になるケースもあるだろう。

しかし、ナシームは、他にも自分と同じ被害に遭いながらも生きようとしている女性たちがいるということを、励みとしてとらえつつあるようだった。

ナシームと病院で過ごしたのは、わずか数日だけだったが、被害を受けた直後の女性とその家族の苦しみが、どれほどに深いものなのか感じられた。ナシームは私がパキスタンで取材した最後の女性だった。

私はASF職員のジャトイに連絡し、彼女の存在を伝えた。今後のサポートをシェルターでお願いしたいと思ったからだ。

ジャトイは既に地元の医師からナシームのことを聞いていて、「彼女が希望すれば、シェルターで治療やカウンセリングなどのサポートを行うつもりだ」と話してくれた。

再び、シェルターで

私がパキスタンに滞在した約三ヵ月の間に撮影した硫酸被害者の女性たちは約一五人。その他にも話は聞けたが、撮影ができなかった被害者たちもいる。別のカメラマンから金銭的な援助を受けているかわりに、他の取材を断るよう約束させられているという女性もいた。

私が紹介した事例は、ほんの氷山の一角にすぎないのだ。既に述べたように、パキスタンの村々には硫酸被害を受けながらも通報できず、治療もままならないまま、人知れず暮らす女性たちが数多く存在している。

数週間後、私は日本に帰る直前にイスラマバードのASFのシェルターを訪ねた。ASFはナシームの援助を始めていた。

さらに、シェルターでは、セイダがスタッフとして働き始めていた。私は、宿泊していたゲストハウスの前に咲いていたオレンジ色のチューリップの花を、セイダにプレゼントした。これでしばらく会えなくなるとさびしかったが、また数年後には戻ってこようと決めた。

顔が損壊される、女性にとってこれほど屈辱的な暴力はあるだろうか。硫酸被害者の女性たちの苦しみは一生消えることはない。

それでも心身に二度と消えることのない傷を抱えながらも、何とか現実を受け止め前を向いて生きていこうとしている。

私が出会ったパキスタンの硫酸の被害者たちは、そんな強い女性たちだった。

第5章　震災と原発——日本

秋田市
岩手県
宮古市
山田町
遠野市
大槌町
秋田県
北上市
釜石市
大船渡市
陸前高田市
気仙沼市
宮城県
南三陸町
山形県
東松島市
女川町
多賀城市
山形市
石巻市
仙台市
名取市
亘理町
角田市
山元町
新潟市
相馬市
飯舘村
伊達市
新潟県
福島市
南相馬市
浪江町
20 km
二本松市
双葉町
福島第一原発
福島県
大熊町
富岡町
福島第二原発
楢葉町
広野町
いわき市
0
40 km

地震発生

二〇一一年三月一一日、午後二時四六分。東北地方の三陸沖でマグニチュード九・〇の巨大地震が発生した。

私は渋谷の雑居ビル七階の廊下を歩いていた。しばらくしても揺れが止まず、案内されるまに近くの公園に歩いて避難した。この時はまだ、死者・行方不明者が二万人を超える大災害になるなど、まったく想像できなかった。

自宅に歩いて帰ると、外国の通信社やフリーランスの写真家たちからのメールが次々に届いた。日本に取材に来るという連絡を最初にしてきたのは、パキスタンの洪水の取材で一緒に動いたロイター通信のダミルだった。翌一二日夕方にはバンコクから飛んできたダミルと再会し、取材について話し合った。

打ち合わせをしていた飲食店のテレビ画面には、福島第一原発の映像とともに「一号機の周辺で爆発音」というテロップが表示されていた。そしてアナウンサーはこう読み上げた。

「福島県は今夜六時半前、総理大臣官邸の指示を受けて、福島第一原発から二〇キロを新たに避難指示の対象にすることを決めました」

津波や原発などの様々な情報が錯綜する中で、状況がまったくつかめない。とにかく行かなければと思った。

一三日になり、ダミルは東北へ向かったが、私はもう一日東京で情報収集することにし、夜に友人のアメリカ人写真家ジェームズ・ウィッドロー・デラーノと、韓国人のフォトジャーナリスト、ジーン・チャンが日本に到着するのを待った。

私はロンドンに拠点を置くフォト・エージェンシーであるパノス・ピクチャーズに連絡し、東北の津波被災地に向かうつもりであることを伝え、二人が東京に到着すると、私の日本人の友人が運転するレンタカーでガソリンを確保するため都内のスタンドをまわった。そして、一四日早朝、東北に出発した。

アサイメント

出発してすぐ、ロンドンから国際電話がかかってきた。パノス・ピクチャーズの写真編集者マイケルからだった。

「ドイツのDer Spiegel《デア・シュピーゲル》からアサイメントが来たんだけど、受けられる?」

「もちろん」。私は即答した。すると、「東北に行く途中の道からでもいいから撮影を始めて、できるだけ早いペースで送って欲しい」と指示された。

この日からアサイメント取材が始まった。Der Spiegelは、ヨーロッパで最も発行部数が多いニュース週刊誌で、毎週一〇〇万部以上発行されている。今回、同誌が私の震災取材にかかる全経費と取材日数に応じた日当を負担し、そのかわり取材から三ヵ月間は写真の優先使用権が同誌にあるという、完全アサイメントの契約だった。

当時、東北自動車道は交通規制されており、私たちは群馬県から関越道を通り、新潟県、秋田県の日本海側へ車を走らせた。この日は秋田市内のホテルに泊まった。

翌一五日、さらに東へ太平洋側に移動し、内陸部の岩手県北上市を通り、雪が降り続く同県釜石市に入った。到着までに丸一日以上かかった。

そこでは、船や車、住宅、家具……、ありとあらゆるものが津波に流され、ひっくり返っていた。住宅地だった場所で、足元を見れば、瓦礫の中に茶碗や洋服といった日用品、花嫁衣装をまとった女性の写真や温泉旅館で微笑む夫婦の写真など思い出の品が、あちらこちらに残されていた。強く吹きつける風と雪の中で視界が遮られながらも、水滴で曇ったレンズを何度も拭き直しながら、シャッターを切った。

それからの数週間、岩手県の宮古市、釜石市、大船渡市、陸前高田市、宮城県の気仙沼市、南三陸町、石巻市など東北の沿岸部を歩き回り、撮影を続けた。

避難所の体育館では、高齢の男性が体を丸めて、血色を失った震える手をこすりながら温めていた。水を貯めたバケツから少しずつ水をよそって小さな娘の歯を磨いている父親がいた。

首から行方不明の妻の写真をぶら下げて情報提供を求める男性もいる。消灯時間後に懐中電灯を持った女性が、壁いっぱいに貼られた伝言メモに顔を近づけ、必死に知り合いの居場所を探していた。

津波被災地

一日の取材が終わりかけた午後八時ごろ、国際電話で写真の送信を急かされることが度々あった。拠点としていた北上市の宿泊先に帰ると、数百枚の写真から二〇～三〇枚ほど選び、キャプションをつけて、エージェンシーのサーバーに写真ファイルをアップロードし送信する。届いているか確認の電話をかけるころには午前二時か三時になっており、それから数時間の仮眠後、午前六時には再度取材に出かけるという日々が続いた。

一週間ほど経ち、同行していたフォトジャーナリストたちが東京に帰ることになった。しかし、私のアサイメントは終わっていない。当時、私は自動車の運転免許を持っておらず、一人で動き回ることができなかった。被災地のタクシーの運転手に早朝から夜遅くまでずっと付き合わせてしまうのも気が引ける。色々と考えた結果、岩手県遠野市に拠点を置いて取材を続けていたロイター通信のダミルに連絡をし、合流させてもらうことになった。当時、ロイター通信は一五人ほどの記者やカメラマンのチームで取材していた。

被災地を取材して歩き、さまざまな被災者に出会う。岩手県山田町では、柱と梁だけになった家の真ん中でしゃがみ込んでいた若い男性に出会った。割れている食器を拾い上げてはコンクリートの上にそっと置いていた。

「ここ、僕の家だったんです。津波がきたときは家にいなくて。僕の両親も妹もみんな行方不明なんです。パソコンも写真も全部流されて。残っているのはこれくらいなんです」

無表情に淡々と、とても静かな口調で話す。「取材、頑張ってください」と言われた時には、悲しい現実のなかでも、他人に気を配るその温かさに心を打たれた。

福島へ

四月に入り、ロイターのチームと別れ、友人でもあるタイ人のフォトジャーナリスト、アティットと動くことになった。ビザの発給に時間がかかり来日が遅れていた。

被写体の生活に深く入り込むようなドキュメンタリー取材では、絶対に他の写真家やカメラマンたちとは一緒に動かないが、ニュースの取材で、さらに毎日写真を送らないといけない場合は助け合って取材を進めたほうが良い場合もある。アティットとは取材のペースも合い、動きやすかった。

もう一人、日本人の写真家も合流し、国際免許を持つアティットの運転で福島県へ向かった。

福島第一原発から二〇キロ圏内の住民には避難勧告が出されていたが、立ち入りは禁止されておらず、国道六号線で原発に近づいていった。

人のいなくなった浪江駅前の商店街の信号機は、住人の帰りを待つかのように動いていた。津波から避難した人びとが一晩を過ごした体育館では、ロウソクの周りに椅子がいくつも置かれたままの状態になっていた。

津波の被害を受けた沿岸部は、三月一一日から完全に時間が止まっているようだった。津波に流された家々や瓦礫、陸に押し上げられた船で、足の踏み場がなかった。このころにはもう、震災から一ヵ月になろうとしていたが、原発から一五キロ付近では福島県警による行方不明者の捜索がまだ行われていた。防護服に身をつつんだ県警の警察官が、乾いた地面に立って遠くを眺めていた。

静まり返った浪江町の海岸に立ち、かすかに聞こえてくる海の波の音や、残された犬たちの鳴き声、満開に咲いた桜の花を見た時に「時間」は確かに動いているのだと実感した。通りを歩けば、人なつっこい犬たちが餌を求めて駆け寄ってきた。

双葉町の海岸を歩いていた私たちは、打ち寄せられた太い木の幹を抱きかかえるような状態でうつぶせに倒れている男性の遺体を見つけた。津波に飲み込まれ、引きずられている間に剝ぎ取られてしまったのか、着衣は無かったが、右足の黒い靴下だけは履いたままだった。

この静まり返った海岸に、一ヵ月近くも一人でここに残されていたことを考えると痛ましくてならなかった。私が東京の渋谷で地震を感じた時は、この男性も確かに生きていたはずだった。その時はどこにいたのだろうか。そしてそれから一時間後、津波が襲ってきた時は何をしていたのだろうか。生前、最後に見た光景は何だったのか。その時何を思っていたのか……。

彼に家族がいるならば、今も安否を心配して探しているはずだった。福島市内へ帰るために再び六号線を北上し、南相馬市の小高地区に入った時に、行方不明者の捜索をする警察官の姿を見かけた。

発見した男性の遺体の場所を伝え、早く引き取ってもらうようにお願いしたが、当時はまだ一〇キロ圏内での捜索活動が行われていなかった。開始されたら必ず現場へ向かうと、約束してくれた。

仮埋葬

四月八日、福島を離れ、宮城県山元町で身元不明の津波被災者を土葬する仮埋葬の取材に行くことにした。

それまで家族や友人たちを必死に探している被災者に何度も会い、話を聞いてきた。遺体を探して安置所に通い続ける人も多かった。どこかでまだだれかが必死に探しているにもかかわらず、遺体の損傷などで身元が判らない犠牲者が多くいることを記録するため、取材を行うことにしたのだ。

この日は晴天だった。午後、地元の山元町の消防団員と自衛隊員が到着すると、トラックから一つ一つの棺を四人でゆっくり運び出し、二メートルほど掘り下げられた地面に慎重に置く。棺の上に花束を供えて手を合わせ、僧侶がお経を唱えた。

最後は地元の作業服を着た男性たちが一つ一つの棺の上に土を被せていった。身元不明者の埋葬だったため遺族の姿もなく、ひっそりと執り行われた。棺を前に、「今も探している家族が、どこかにいるはずなんだよね」と、一緒に取材をしていたアティットと話した。

警戒区域

その後も福島の取材を続け、アサイメントが終わった四月半ば、一ヵ月ぶりに東京に戻った。体は東京にいても、頭の中は取材で出会った被災者や人がいなくなった町の光景が離れなかった。東北がここから数時間のところにある場所だというのが信じられないほど、東京はまるで何事も無かったかのような平穏を取り戻しているかのように、私には見えた。

アサイメントが終わったとしても、取材すべきものがなくなったわけではない。依頼がなくても、自分の視点で東北を記録していかなければならないと感じていた。

四月二一日、私は再び福島に向かった。政府は、翌二二日午前零時より原発から半径二〇キロ以内を「警戒区域」として、原則立ち入り禁止にすることを発表していた。

夕方、南相馬市、浪江町、双葉町の国道は、住民たちの車で混雑していた。警戒区域が設定される前に家に置いてきたものを取りに戻っているようだった。

その後、警戒区域に指定された町の担当者から許可を貰ったり、区域内で活動をする動物ボランティアに同行したりするなどして、警戒区域の中を撮影し続けた。

当時、「立ち入りが制限されている警戒区域で撮影した写真は、日本の主要メディアでは基本的には発表できないのだから、行く意味はない、やめるべきだ」とマスメディアの編集者や記者から言われることもあった。私自身も区域内の取材をする必要が本当にあるのか、自問した。

だが、私は明日の新聞や翌週の雑誌に写真を載せてもらうために福島を撮影しているわけではない。もっと長期的な視野で、何十年も経った後に福島の事故直後はこうだったと、記録として写真に残したいと思っていた。

警戒区域により土地が突然分断され、これまで培ってきた暮らしを一瞬にして奪われた住民にとって、「そこ」はどのような場所だったのか。人影はほとんどなくても、故郷を離れた人びとが土地に残していった思いやサインのようなものを感じ取り、写真に切り取りたいと思った。

断続的に外国の雑誌や新聞社からのアサイメントを受けながら、空いた時間には個人的に福島に通い、自分のプロジェクトとして撮影を続けた。

再びアサイメント

五月中旬、Der Spiegelから再びアサイメントが入った。福島県飯舘村で、ドイツ人の女性記者コルドラ・マイヤーと一緒に取材を行い、彼女が原稿を、私が写真を担当するという仕事だった。

コルドラのスーツケースは下調べに使った大量の資料で溢れていた。警戒区域や、原発作業員の拠点などでは厳しい報道規制があり、限られた時間での取材はスムーズにいかない。それでも彼女は、こう言って笑った。

「報道規制？　そんなことを気にしていたら取材なんて何もできないでしょ。自分の目で確かめたものを記事にするために毎回日本に来ているの。政府が発表したものをそのまま記事にするだけだったら、ドイツにいてもできるわよ」

私の写真を待っているのは、ドイツにいるフォトエディターだ。彼らは私たちがどんな状況で取材をしているかは全く把握していない。状況がどうであれ、編集者にとっては写真のクオリティーがすべてである。

福島のストーリーを伝えるために、私とコルドラは一緒に取材方法を考える。そして、私はどんな写真が必要か頭の中で構成する。天候や時間帯によって、写真に写り込む空の様子や人の印象が異なる。それによって写真の持つ意味が変わってくる。

そのことを理解していたコルドラは、毎夜、翌日の取材について私と打ち合わせを重ねた。

「明日、こんな取材をするのだけど、写真は何時にどこで、何か撮影したいものはある？　それに合わせてスケジュールを考えましょう」

互いに取材の意図を事前に擦り合わせることで、動きやすい環境が出来上がっていた。

命を絶った一〇二歳

五月一七日、コルドラと通訳の女性の方と私の三人は飯舘村に住む主婦、大久保美江子さん（五八歳）に出会った。飯舘村は原発から二〇キロ以上離れていたが放射線量が高かったため、政府により「計画的避難区域」に指定され、二日前の一五日から住民の全村避難が始まっていた。

大久保さんは取材でやってきた私たちの訪問に丁寧に対応してくれ、飯舘村の美しい自然を眺めることができる居間に通してくれた。

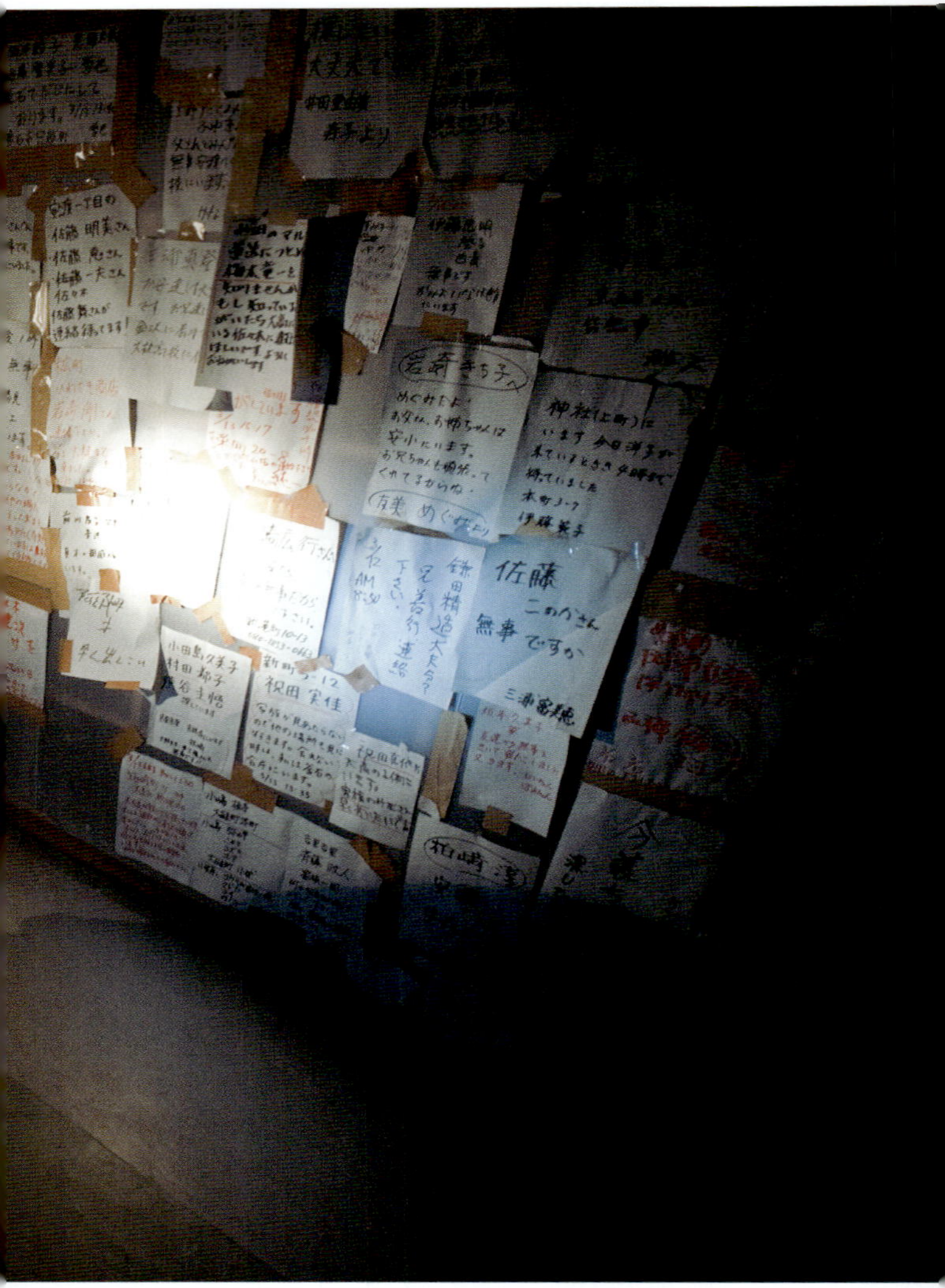

避難所となった学校の廊下に設置された伝言板に懐中電灯をかざし，行方不明の家族の安否情報を探す女性（2011 年 3 月，岩手県大槌町）

避難所の体育館で生活する被災者たち
(2011 年 3 月，宮城県気仙沼市)

津波により荒れ果てた実家に立ちすくむ男性．瓦礫の中から家族の遺影を探し出し，外を眺める（2011 年 3 月，宮城県気仙沼市）

福島第一原発から北に約５キロの沿岸部．津波被災後しばらく，瓦礫の撤去作業が始まらなかった(2011 年 4 月，福島県浪江町)

福島第一原発から 20 キロ圏内で行方不明者の捜索をする福島県警の警察官(2011 年 4 月，福島県南相馬市)

DAIYU
8

身元不明者の仮埋葬で，棺の前でお経を唱える僧侶(2011 年 4 月，宮城県山元町)

原発事故により福島県飯舘村の全村避難が報道された直後に
自殺した大久保文雄さんの遺影と，義娘の美江子さん(58歳).
文雄さんは，村最高齢の102歳だった(2011年5月，同村)

その約一ヵ月前、美江子さんと同居する一〇二歳の義父、文雄さんは、自宅で自ら命を絶っていた。

四月一一日、文雄さんは飯舘村が計画的避難区域に指定されたことを伝えるNHKニュースを見ながら、美江子さんにこう尋ねたという。

「本当に飯舘を出なきゃいけないのか?」

美江子さんは「テレビでそう言ってるんだから、出なきゃいけないんでしょ」と答えた。

「おれはここから出たくないなぁ。早く死んでいれば見なくて良かったものを見ないで済んだ。原発が爆発したことを聞かないで済んだ。おれは長生きしすぎたんだな……」

夕食時、文雄さんは厚揚げやにんじん、じゃがいもなどが入った大好物の煮物には手を付けずに、魚のフライと漬け物、みそ汁だけを口にした。夜一一時ごろ、トイレから出ていく姿を見たのが最後だった。

翌一二日の朝、美江子さんは朝食の支度をして、いつものように朝の連続テレビ小説を見終わった後に文雄さんを起こしに部屋へ向かった。「朝ご飯だよ」と言ってドアを開けると、部屋の真ん中に、きれいにたたんだ掛け布団が置いてあった。

部屋の奥に、箪笥に寄りかかって座っている文雄さんが見えた。「何やっているの?」。返事はなかった。状況から、自殺であることがすぐに分かった。

箪笥は、七年前に九五歳で亡くなった奥さんのミサオさんが、一六歳の時に嫁入り道具に持って来たものだった。文雄さんは外出用のチェックのポロシャツとズボンに着替えていた。通報して警察が到着するまでの三〇分間、美江子さんは文雄さんの前に座って話しかけた。

「死のうと思った、その瞬間の気持ちを考えると、きっと葛藤もあったと思う。多分夜も寝ないで考えたんだと思う。でも、ここから動きたくない、と思ったのでしょう」

原発事故前まで

文雄さんの死は、直後から新聞やテレビでも報道された。

なかには、「原発事故で健康被害を恐れた親族が、村の外へ自主避難し、家族離れ離れになったことを苦に自殺したとみられる」という事実と異なる報道もあった。インターネット上では、ツイッターなどで「家族が冷たかったんじゃないか」とも非難された。

美江子さんはこう話す。

「なんで事実じゃないことを書くのかなと思いました。一〇二歳の親の面倒を見ない子どもはいないはずです」

文雄さんは、一九〇八（明治四一）年一二月二〇日に、この家で生まれた。なだらかな山に囲まれた飯舘村では、昔から自然と調和した生活が営まれてきた。文雄さんは、米や葉タバコ、養蚕、野菜など、農業を営んで生活していた。一七歳の時、一つ年下のミサオさんと結婚。五人の子どもを授かった。

美江子さんは、文雄さんの次男、一男さんと結婚し、四〇年ほど前に福島県伊達市から嫁いできた。文雄さんは、美江子さんを温かく迎え入れてくれたという。

「自分の両親以上に、一番長い間、時間を共にしたのが義父でした」

文雄さんは大好きだった同県二本松市の日本酒を一〇〇歳まで毎日夕食前に飲んでいた。テレビで時代劇や相撲を見るのを欠かさなかった。九九歳の誕生日には、飯舘村の公共施設「きこり」を貸し切り一〇〇人の村人たちで盛大なパーティを開いた。その時の写真が今も飯舘村の自宅に飾ってある。

九五歳から通い始めた、村役場の隣りの特別養護老人ホーム「いいたてホーム」に週二回、デイサービスを利用して通うのをとても楽しみにしていた。

「この歳になっても頭がしっかりしていて、優しい人でした」

避難先で

文雄さんの次男で、美江子さんの夫の一男さんは膵臓がんを患い、原発事故時には南相馬市の病院に入院していた。原発からは三〇キロほどで、三月一八日に病院のバスで八時間かけ新潟県まで避難した。

私たちが美江子さんを初めて取材してから三週間ほど経った六月四日、一男さんは避難先の病院で亡くなった。六六歳だった。亡くなる直前には「福島で死にたい」と話していたという。美江子さんは、遠い新潟まで頻繁に見舞いに行くことができなかったことを振り返ると、切なくなるという。

美江子さんは今、南相馬市の借り上げアパートで会社員の息子と二人で暮らしている。三日に一回は飯舘の自宅に戻り、飼い犬に餌をあげる。

「原発事故さえなかったら、ってよく考えるんです。きっと義父は今も生きていて、今日ものんびり飯舘で暮らしていたんだろうなって」

文雄さんの遺影は、家紋入りの羽織袴を着た絵だ。生前に描いてもらっていたというこの絵を、自分の葬儀に使って欲しいと常々言っていたそうだ。遺影を抱えながら、美江子さんは家の庭に目をやった。毎日文雄さんが眺めていた風景だ。

「たかが避難だって思う人もいるかもしれない。でも飯舘で生まれ育ち、一〇二年もの間、村の移り変わりを見てきた義父は飯舘がすべての人なのです。どんな思いで死んでいったのか、一人でも多くの人に知って欲しいです」

事故からしばらくは、誤った報道によってメディアへの不信感が高まり、取材は基本的に拒否していた。そのような経緯もあり、私は当初、撮影した写真は日本で発表しない予定だった。震災から一年が経とうとしていた二〇一二年の初め、美江子さんと話し、文雄さんの想いを残すために、日本でも公表することになった。

アシスタント

五月下旬、飯舘村の取材が終わり東京に戻った。

しばらくすると、二〇キロ圏内の取材時に何度も顔を合わせていたAP通信の写真家、デビッド・グッテンフェルダーから、フェイスブックで連絡が来た。

「National Geographic《ナショナル・ジオグラフィック》からのアサイメントで、六月から二ヵ月ほど、福島の警戒区域を中心に取材することになったんだ。同じ写真家の仲間に声を掛けるのは申し訳ない気がするのだけど、一緒に取材をするフォトアシスタントをお願いできたらと思って……」

デビッドはAP通信のアジア地域のチーフフォトグラファーで、一九九四年のルワンダ虐殺の取材からキャリアをスタートした。私とは経験の差が歴然としているにもかかわらず、随分と気を遣って書いているのだなと、思わず笑ってしまった。

話を聞いてみると、他の写真家にも連絡を取ってみたが、レンタカーで警戒区域に行くのは良くないなどと渋られ、英語ができる日本人で、警戒区域を取材したことがある写真家の知り合いは私しかいなかったということだった。

ただ、私は他の写真家のアシスタントをするのは抵抗があった。震災直後から福島に入り、これからも自分でずっと撮影をしていこうと思っていたところだったからだ。さらに、警戒区域から避難している被災者の一時帰宅が始まる大切な時期に、二ヵ月も他の写真家のために自分の取材を犠牲にすることなど、絶対にしたくなかった。

それでも、悩み考えた結果、キャリアが豊富なデビッドが取材制限が厳しい警戒区域の中でどのように撮影を行うのか、二ヵ月の間にどうやって福島のストーリーを組み立てていくのか、アクシデントにはどう対応するのかなど、アシスタントとして得られる知識や経験もあるだろうと思うようになった。

私は、写真を始めてから今まで誰かのアシスタントをしたことがなかった。一度くらい経験しても良いかなとも思い、連絡があった翌日、一緒に働く意志を伝えた。そして、私はその期間に写真は撮影しないと自分で決めた。もしも数枚だけ撮影することがあっても発表しない。これは私の取材ではなく、デビッドの取材だと言い聞かせた。そのかわりにアシスタントとしての仕事を完璧にこなし、アシスタントをするのはこれが最初で最後と決めた。

警戒区域へ

六月初旬のある日、デビッドと私は東京でレンタカーを借り、福島へ向かった。警戒区域内に取り残されたペットたちを救出する活動をしていたグループと合流し、二〇キロ圏内に入って行った。警察に職務質問されるようなことはなく、福島第一原発の作業員たちを乗せたマイクロバスと何度もすれ違った。瓦礫を運搬するトラックなど、交通量は少なくなった。

この日は主に大熊町の撮影を行った。住人がいなくなった商店街には一〇匹近い犬が群れていた。

この日から七月下旬までの間、住民の一時帰宅や、避難所の被災者の生活などを取材した。二ヵ月の間、区域内を取材している日本のメディアはほとんどいなかった。デビッドと私は、人がいなくなり静まり返った町をひたすら歩き回った。

当時、ジャーナリストや写真家も警戒区域への立ち入りは禁止されていたが、中には警戒区域に指定されている市町村の役場の担当者が取材に協力してくれ、通行証を発行してくれることもあった。

ある担当者は、震災が発生した三月一一日のことや、三月一五日に原発が二度目の水素爆発を起こし住人たちが避難していった様子などを、現地を一緒に回り説明してくれた。この担当者は、大学を卒業してすぐにこの小さな役場で勤めはじめ、平穏な日常を送ってきた。今は防護服に身を包み、毎週、警戒区域で放射線量をチェックしている。こんな日常がやってくるとは半年前には想像もしていなかったはずだ。通行証を発行してくれた理由を、こう語ってくれた。

「私たちだって本当は伝えてほしいんです。原発の事故が起きた時、政府から正確な情報を与えられなくて被害を被ったのは私たちなのです。だから今、私は政府が隠そうとしているものを伝えてほしいという気持ちをもっているのです」

七月中旬には環境省や県獣医師会などで構成された動物救援チームによる、ペットの保護活動が行われた。この際デビッドと私はボランティアに申し込み、実際に保護活動に参加しながら、区域内を移動して取材した。

通行証を得られないまま、警戒区域内で取材をしたこともあった。デビッドと、その時々の状況を見て、話し合い、試行錯誤をしながら取材方法を模索してきた。外からでは見えない現実を記録し伝えたいという思いで取材をしていた私たちは、結論として「それが禁止されているから諦めたほうがいい」という発想には一度もならなかった。

四月五日に私が初めて二〇キロ圏内に入った時に見た浪江町の海岸は、七月には随分と瓦礫の撤去が進んでいた。また、どこを歩いても聞こえてきた犬の鳴き声はほとんど聞こえなくなり、この頃には、死んだ犬や猫を見ることも多くなった。六月には農家の牛舎からは牛の苦しみに満ちた鳴き声が聞こえてきたが、七月中旬にはその多くが骨と皮だけの死骸になっていた。

自問自答と納得

既に述べたように、この二ヵ月間、私自身は、写真を撮らなかった。二〇一一年三月からの一年間に撮影した何万枚もの写真を振り返ると、この二ヵ月間だけは穴が開いたように写真がない。

誰かから写真を撮るなと言われたわけではなかったが、フォトアシスタントとして雇われているのに、写真家の横に立って同じようなものを真似して撮影することなどしたくなかった。それは私の視点ではないと、どこかで意地を張っていたのかもしれない。

ただ、取材後、あの場にいながら写真を撮らなかったことを猛烈に後悔したこともあった。デビッドの横で同じ構図の写真を撮るのが嫌だというのは、単なる自分のわがままだったのではないか。自問自答を繰り返した時期があった。

しかし、次第に、たとえ私のカメラのレンズを通したものでなくても、福島や被災者の現状が世界に伝わることに貢献できたことは意味のあることだったと、素直に受け入れられるようになった。

四ヵ月後の二〇一一年一二月、National Geographic のグローバル版、および日本版の特集で、デビッドが撮影した福島の写真が掲載された。さらに、一連の写真は翌二〇一二年の世界報道写真賞を受賞した。

雑誌に掲載されたのはわずか一〇カット。デビッドが撮影したのは一万カット以上だ。どれも一瞬を切り取った写真だが、その前後には写真に映し出されていない長い時間がある。

その一瞬の撮影に行き着くまでに、多くの被災地の方々の協力があった。

一通のメール

震災の取材を続けていて、撮った一枚の写真をめぐる忘れられない出来事がある。

発生から四ヵ月ほど経った七月一二日、まだデビッドと福島県内を取材しているときに、ある一人の男性から、一通のメールが届いた。

私は四月八日に宮城県山元町で撮影した身元不明者の仮埋葬の写真を自分のホームページに掲載していたが、その写真を見た群馬県在住の北川好美さんが、行方不明になっていた父春和さん（七八歳）と母きみ子さん（七七歳）の棺が写真に写っていることを見つけたという内容だった。メールにはこう書かれていた。

「棺がたくさん写っていますが、その棺に添えられた木簡に漢数字の棺番号が読みとれました。右側が手前から奥に向かって「五」「七」。左側手前から奥に「六」「八」。これを妹に見てもらったところ、左側の列の奥にある二つの棺(二〇と二二)が、両親の棺だと分かりました」

どういうことだろうか。この写真を撮影した時には奥で手を合わせる僧侶にピントを合わせていたので、手前の棺番号が読みづらい。しかし、この二つの棺を近い距離から撮影した手持ちの別の写真では、確かに二〇、二二とはっきりと漢数字で書かれていた。

私は好美さんにメールを送り、詳しい状況を教えてもらった。

並べられた遺体

七年ほど前に群馬県から宮城県山元町に移住した好美さんの父の春和さんと母のきみ子さんは、時々近くの海を見に出かけるなど、のんびりと平穏な余生を過ごしていた。三月一一日の震災で、おそらく自宅に一緒にいたところを津波に飲み込まれ、ずっと行方不明になっていたという。

宮城県名取市に住む好美さんの妹は、震災後、毎日、遺体安置所に通って両親を探していた。好美さんや妹に知らされるのはそれよりもずっと後だが、震災から一八日後の三月二九日、春和さんは自宅から一キロメートルほど離れた用水路の中で、きみ子さんはさらにそこから一・五キロほど離れた場所で住宅の瓦礫の下に埋まっているのが、それぞれ自衛隊の捜索で見つかった。

互いに一・五キロも離れた場所に流されていながら、たまたま同じ日に発見された二人は、身元不明の遺体として、山元町に隣接する角田市の使われなくなった県立女子高校の校舎に運ばれて安置された。遺体番号は七四五と七五三。妹はここで両親の遺体と対面していたが、津波による顔の損傷で、当時両親とは全く気づかなかったという。

しばらくそのまま身元不明者として安置されたが、ＤＮＡ検体を保存したのち、四月八日に山元町にある寺の仮埋葬地に運ばれた。その日、私が埋葬の様子を撮影している間も、妹は高校の安置所で遺体を探していたそうだ。

遺体が収容されてちょうど二ヵ月後の五月二九日、好美さんの妹は安置所に置かれた遺留品の写真の中から、春和さんときみ子さんの衣服を見つけた。さらに春和さんの乗用車のキーも見つかり、七四五番と七五三番の遺体のＤＮＡ鑑定が行われることになった。その際、町の職員からこの番号の遺体が山元町の寺に仮埋葬され、そこでつけられた管理番号が二〇番と二二番であることを知らされたという。

その後、六月一六日に遺体は二体とも掘り起こされ、三〇分の時間差を置いて火葬された。しかし、まだＤＮＡ鑑定結果が出ていなかったため、火葬に立ち会うことは許可されなかった。両親の棺であると確信していた妹は、葬祭場の外から火葬を見守った。収骨もできなかった。遺骨との対面も、引き渡しも、鑑定結果が出るまで許されなかった。

「死んでも、絶対に」

好美さんが私のホームページで写真を偶然見つけたのは、ちょうどこの火葬のころだった。妹に「ちょっと、この写真を見てもらえるか」と連絡し、棺の札に書かれているかすかに見える墨の番号を確認した。この時にはじめて、仮埋葬の様子を知ることができた。

妹は好美さんに、こんなメッセージをメールで送っていた。

「綺麗な棺に入れてくれたんだ。たくさんのお花まで供えてくれて。お花も無くて、花が一輪だけとかそんなのもあったらしい。それに比べればちゃんと送ってくれたんだ、うれしいな」

そして、七月六日に、ようやくDNA鑑定の結果が出た。

身元不明だった二体が、果たして両親のものと確認された。宮城県警からは電話で「鑑定結果は九九・九九％以上の精度で、親子で間違いない」と連絡があったという。

翌七日に、役場で死亡届を提出し、受理された。

私に最初のメールが来たのはその六日後だった。好美さんは、妹のこんな言葉を紹介してくれた。

「こんなところに、写真として記録されていたんだね。棺の写真が残っていて本当に嬉しい」

連絡を受けたときはデビッドと福島の取材の最中だったが、東京に戻ってから、両親の棺が写された写真を数枚プリントして送った。数日後に送られてきた返信の中で、好美さんはこう記していた。

「震災物故者二二、遺体七五三が父の棺。物故者二〇、遺体七四五が母の棺です。あの蓋の中に、両親が眠っているんです。一キロ以上も離れたところにバラバラに流されたのに、仮埋葬されるときは、ピッタリと寄り添っているんです。「死んでも、絶対に離れませんよ」。そんな母の声が聞こえて来そう。死んだ日もいっしょ、バラバラの場所だったけど発見された日もいっしょ。遺体安置所じゃ、ちょっと離れちゃったけど、仮埋葬のときは隣り合わせで一緒に埋められ、掘り起こされた日もいっしょ、ついでに、火葬された炉も隣り同士で三〇分差。お寺でも骨壺が隣り同士で、名前が決まってからも隣り同士。どこまでくっついていれば気が済むのでしょう、この夫婦」

そして、仮埋葬の四月八日も妹が高校で遺体を捜していたことに触れ、次のように写真の感想を記していてくれた。

「写真を見ていると、「おい、ここだよ、ここ、見つけに来い」「まったくあの娘ったら、どこ探して居るんでしょうねえ」という声が聞こえてきそうです。そんな声まで写真には録音されています」

第6章　誘拐結婚——キルギス

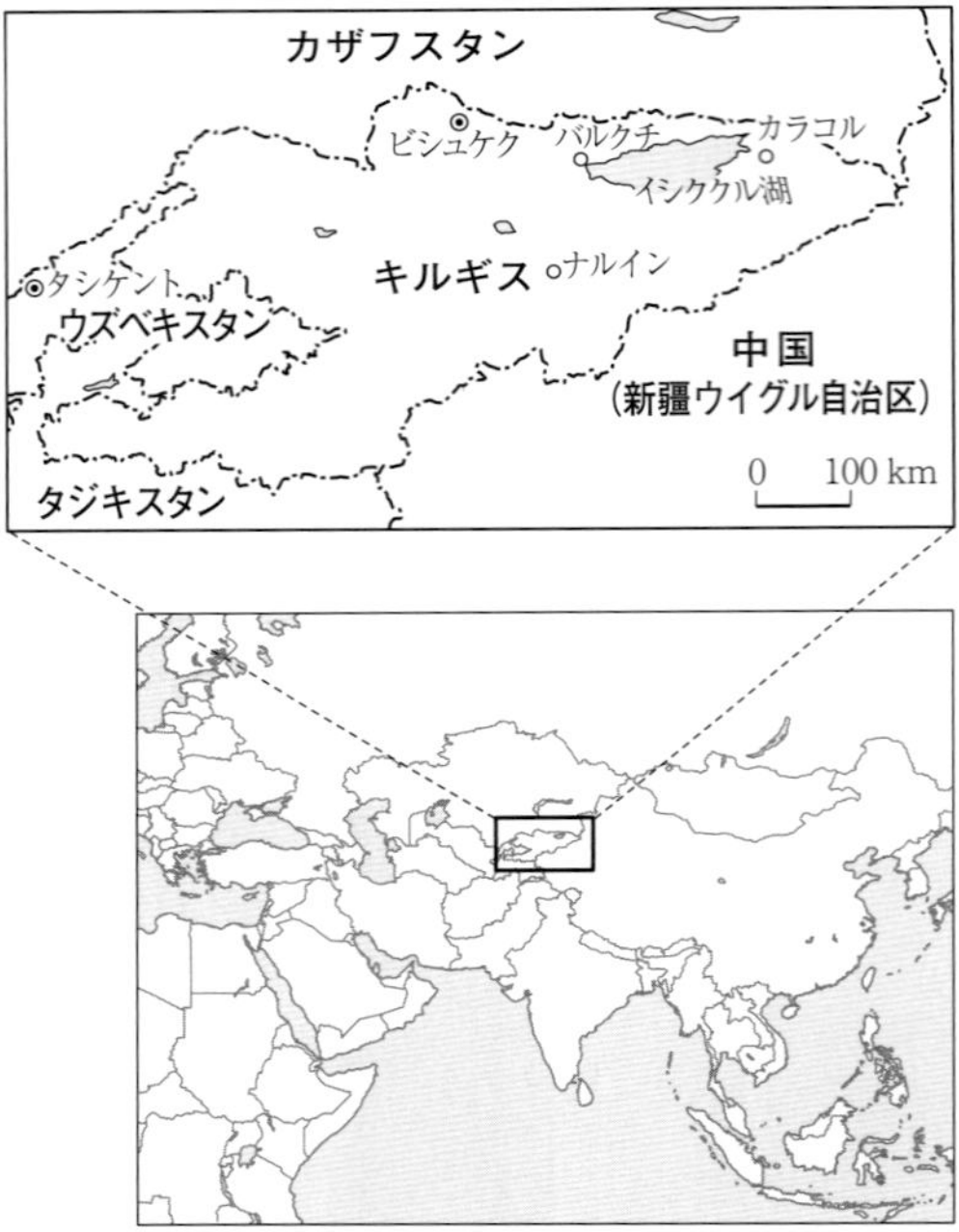
カザフスタン
ビシュケク
バルクチ
カラコル
イシククル湖
キルギス
ナルイン
タシケント
ウズベキスタン
中国
(新疆ウイグル自治区)
タジキスタン
0 100 km

キルギスへ

中央アジアに位置する旧ソビエト連邦のキルギス共和国。
二〇一二年七月、私はこの国で行われている「誘拐結婚」を取材するために、キルギスへ向かった。現地のNGOによると、既婚女性の三〇〜四〇%が、誘拐で結婚しているという。取材は難しく相当時間がかかることが予想され、あるいは、まったくできない可能性もあった。そのため数ヵ月先まで仕事や取材の予定を一切入れずに日本を出発した。

私が誘拐結婚の存在を知ったのは、七年ほど前に、国際人権組織のヒューマン・ライツ・ウォッチの報告書を読んでからだ。それからこの問題について断片的な報道やNGOの報告などをチェックしていたが、文字ではなかなか伝わってこないその実態を、写真で取材したいと思うようになった。

キルギスは、東を中国の新疆ウイグル自治区、北をカザフスタン、西をウズベキスタン、そして南をタジキスタンに囲まれた、面積が日本の半分ほどの国だ。人口は約五四〇万人。国土の四〇%以上が標高三〇〇〇メートルを超える山岳地帯だ。

私が首都ビシュケクで宿泊したゲストハウスには、世界中からのバックパッカーたちが溢れていた。これまで海外取材で通訳を雇っても数日程度だったが、今回はまったくの手探り状態での取材のため、常に一緒に行動してくれる通訳が必要だった。

私はゲストハウスのオーナーの義弟、ジャンチョロに通訳をお願いすることにした。年齢は三〇歳。チョロの愛称で呼ばれていた彼と、近所に住む運転手のジンシと一緒にビシュケクを出発し、約三五〇キロ離れたイシククル州の町、カラコルへ向かった。イシククル州で誘拐結婚が多いと聞いていたからだ。

一八歳の少女

出発してから約三時間後、突然、運転手のジンシの携帯電話に男友達のミーシャから電話があった。電話を切ったジンシは興奮しながら、こう話した。

「昨日、ミーシャの弟のアマンが、女の子を誘拐した！　結婚式は明日！　相手の女の子は、暴れて抵抗して、結婚を受け入れるまでに六時間かかったって」

ビシュケクを出発して、数時間。こんなに身近に誘拐結婚が起こるものなのか、心の底から驚いた。私たちはカラコルへ行くのをやめ、ジンシの両親が住む村で翌日の結婚式を取材することにした。車で五時間ほど走り、ジンシの実家に到着したのは夜中だった。その晩はジンシの一七歳の姪、グルマイラの部屋に泊まらせてもらった。

翌朝、私たちは三人で、歩いて一〇分ほどの場所にあるミーシャの家へ向かった。村のメインストリート以外は車よりも馬で移動をする住人の方が多く、のどかな人口二〇〇〇人ほどの村だ。

　家に着くと、誘拐を実行したアマンとその家族は、私たちを迎え入れてくれた。さらに誘拐を手伝ったという仲間が五人ほど集まってきた。彼らはみな礼儀正しく、私が想像していた誘拐犯のイメージとは随分とかけ離れていた。

　部屋に入ると、片隅にコショゴと呼ばれる蚊帳のような白い薄手のカーテンがかけられていた。中は一、二帖ほどの広さで、ソファベッドが置かれている。新婦と新郎の寝室でもあるため、女性や子ども、夫以外は入ることはできない。結婚したばかりの新婦はここで多くの時間を過ごすという。

　一〇分ほどすると、新婦のチョルポンが笑顔で部屋に入ってきた。続いて村の招待客が次々と訪れてくると、胸に手をあて深々と微笑んでお辞儀をして迎えた。その姿は二日前に誘拐されたばかりの一八歳の少女には見えなかった。

　招待客たちはすぐに、結婚式が行われる屋外へ移動し始めた。チョルポンは一人コショゴの中に入って腰掛けると、突然気が抜けたように表情が暗くなり、肩を落とした。数分前までの表情からは想像もできないほど疲れきっているようだった。外からは大きな笑い声が聞こえてくる。私はこのチョルポンの姿を一枚だけ写真に撮った。彼女の表情は全く動かなかった。

出会って二ヵ月

チョルポンとアマンが初めて出会ったのは、誘拐の二ヵ月前の二〇一二年五月一五日だった。出会ったといっても、チョルポンが暮らす村の写真屋ですれ違っただけで、会話はなかった。そのちょうど一ヵ月後の六月一五日、こんどは偶然、病院ではち合わせた。この時に少しだけ、会話を交わしたという。その次に二人が再会したのが七月五日、誘拐の日だった。

「私は結婚するには、まだ早すぎたような気がします。誘拐されるのを察してとにかく逃げようと思い、私の村から首都ビシュケク行きの乗り合いバスに乗り込みました。それでも別の車で追いかけられて、四時間後、バスがイシククル州の入り口バルクチにさしかかった時、バスから降ろされ、家に連れていかれました」

こう話すチョルポンに、私は「何で最終的に結婚を受け入れたの？」と聞いた。すると、彼女は次のように答えた。

「家に連れて来られて六時間ずっと抵抗したけど、キルギス人女性にとって、一度男性の家に入ると、そこから出るのは恥ずかしいことなんです。だから結婚を受け入れました」

午後になり、庭に設置された遊牧民の移動式テント「ユルタ」の中で、イスラム式の結婚式「ニカ」が執り行われた。ユルタの中にはアマンの親戚や村人、仲間たち二〇人ほどが座っていた。祈りの最中も、チョルポンの表情は暗く、ずっと下を向いていた。

誘拐結婚とは

キルギス語で、誘拐結婚は Ala Kachuu《アラ・カチュー》という。「奪って去る」という意味だ。

恋愛関係にある女性との結婚を急いで、誘拐という手段を使って結婚するケースもあれば、二、三回会った程度の顔見知りや、面識のない相手を誘拐するケースもある。ほとんど会ったことのないケースが、全体の約三分の二を占めるという。

プロポーズを断られたり、断られる可能性が高かったり、あるいは、親に早く結婚をするよう言われプレッシャーを感じ、誘拐に踏み切った男性もいる。

キルギス政府は一九九四年に法律で誘拐婚を禁じ、誘拐犯に最長で懲役三年が科されることになっていたが、二〇一三年一月に罰則が最高で一〇年に延びた。これはキルギス国内で大きく報道された。

違法である誘拐結婚が簡単になくならない大きな原因は、古くから伝わる「慣習」として、社会の中で受け入れられているからだ。

また、年上の女性たちを敬うことや、一度入った男性の家から出るのは「純潔を失った」と見なされ、「恥」であると教えられてきたキルギス女性たちの多くが、諦めて結婚を受け入れてしまっているのだ。

現在の誘拐結婚と言われるものも、その方法や結末はさまざまだ。私がキルギスに滞在していた四ヵ月半の間に、誘拐で結婚した約二五組の夫婦や女性たちの取材をした。約六〇年前に結婚し幸せに暮らしている夫婦もいた。一方で、一度は結婚を受け入れたものの、数日後に逃げ出した女性や離婚の準備を進めている女性たちもいた。

自殺をした大学生

私が日本を出発する直前、誘拐結婚の被害者の女子大生が自殺をしたことがキルギスのメディアで報道された。遺された家族の思いを取材しようと考えていたが、この時点で分かっていたのは、イシククル州在住であること、そしてキルギス国内の一部の英字メディアの情報から、被害者の名字だけだった。私たちはチョルポンの取材を終え、イシククル州の村々を回って何か手がかりがないか取材を重ねた。一週間後、偶然立ち寄った教育支援を行う団体の職員の知り合いが自殺をした女性と同じ村に住んでいるということが分かり、ようやく実家の場所が分かった。

女子大生の名前はウルス・カスンバエバ。当時一九歳だった。実家を訪れると母ディナイクルは驚いたようだったが、室内に招き入れてくれた。そして、こう切り出した。

「これまで色々なメディアのインタビューを受けてきたけど、まるで娘が悪かったかのような報道をされてきたんです」

娘のウルスが亡くなったのは六月一一日。まだ一ヵ月しか経っておらず現実を受け止めることも困難な時期だったが、一言ずつ、事実を語ってくれた。

将来は小学校の先生になるのが夢だったウルスは、大学で文学とジャーナリズムを学んでいた。亡くなる三日前、突然、自宅の前で見ず知らずの男に誘拐された。そのまま家に連れて行かれ、その日のうちにニカが執り行われ、レイプされたのだという。

誘拐した男、シャインベックの家族はウルスの両親に一万五〇〇〇ソム(約三万円)と羊一匹、キャンディーを贈った。ディナイクルは突然の娘の結婚に驚きはしたが、ウルスが結婚を快諾したものだと信じてしまったという。

しかし、翌日、ウルスから助けに来て欲しいと電話があり、慌てて娘を引き取りに行った。その二日後の早朝、自宅の家畜小屋の中で首を吊っているウルスが発見された。地元警察によると、ウルスの腕や足にはアザが残っていた。誘拐された時にできたものではないかという。

ディナイクルは「数ヵ月後に、男の裁判があるのです。取材に来ていただけますか?」と聞いてきた。私は「もちろんです」と返事をした。

キルギスでは誘拐結婚は犯罪であるということ、そして誘拐され自殺に追い込まれる女性たちもいるという事実を写真で伝えなければならない。しかし、キルギスの裁判所では撮影はおろか、敷地内に入ること自体が難しいという。そのため、私は度々、遺族側の弁護士と連絡を取り合い、判事や事務官とも話し合ってようやく撮影の許可を取ることができた。

誘拐現場に遭遇

キルギス滞在中、誘拐され結婚した女性や、これから誘拐を考えている男たちから直接話を聞くために、イシククル州とナルイン州の多くの村々を回った。ほとんどの村にはホテルなどの宿泊施設はなく、時には村人たちの家に泊まらせてもらい、食事もごちそうになった。キルギスの人びとは本当に親切で、ホスピタリティーに溢れた人たちだった。

九月になり、男の判決の日が近づいてきた。私たちは一時的に首都のビシュケクに戻って来ていた。市場で車に積み込む食料などを買い込んでいた時、新しい運転手の知り合いを通じて、ナルイン州に住む少女の誘拐を考えているという男の情報が入ってきた。

軽い気持ちで誘拐を考えている男性たちも多いが、実際に実行に移すのは稀だ。本当に誘拐に踏み切るのか、誘拐を考え始めた男性の心理を知りたかった。私は状況を把握するため、その男の携帯電話に連絡を取った。男は話をしても良いという。さらに「そちらに向かいます」と電話を切り、二時間後、私たちの前に黒いワゴン車が止まった。

中には若い男が五人と、一人の少女が座っていた。二列目の座席に座っていたのが、誘拐に踏み切ろうとしていた二二歳のバクティエル・アサンベコフだった。しばらく走ると、三列目に座っていた別の男が通訳のチョロの耳元で話を始めた。驚いた様子のチョロは私の肩をたたいた。

「予定が変わったみたいです。ナルイン州の女の子じゃなくて、君の隣りに座っている女の子を今、誘拐しているところだそうです！」

私たちは誘拐現場のまっただ中にいたのだ。だが、少女の下の名前がアイティレックで、一八歳ということだけは分かったが、それ以外の状況が摑めなかった。

しばらく走り、一軒の家の前で車が止まった。しかし、これは本当に誘拐なのだろうか。いまだに信じられなかった。家の中に通されると昼食が準備してあった。食事を済ませた後に、バクティエルの仲間の男に状況を聞いた。

バクティエルはナルイン州で少女を誘拐する予定だったが、昨日ビシュケクを訪れた際、たまたま立ち寄った商店で働くアイティレック・イブラエバに一目惚れした。そのため、誘拐相手を変え、アイティレックをドライブに誘い出し、そのままイシククル州の牧場に連れて行くことにしたのだという。私たちが聞いた情報は何人も経由していたので、すでに古くなっていたのだ。立ち寄った家は、バクティエルが働く牧場のオーナーの親戚宅だという。

花嫁のスカーフ

私たちが仲間の男から話を聞いている最中、突然、家の中がざわめき出した。

別の部屋へ様子を見に行くと、一〇人ほどの大人たちがアイティレックを取り囲んで結婚を説得していたようで、彼女は既に結婚に応じていた。一〇分もかからずに、同意していたのだ。

机の上にはアイティレックが書いた両親への結婚報告の手紙が置かれていた。しかし、聞いた話だとアイティレックがバクティエルに会ったのは前日だ。相手のことをよく知らずに、どうして、この短い間に結婚を受け入れたのか。

彼女に直接尋ねるタイミングがなかったが、この後バクティエルの自宅まで一緒について行くことにした。車を八時間走らせ、やがて人家がほとんど見当たらなくなった。道路もない草原の中、時々家畜の群れに遭遇する。到着したのは、見渡す限りの大草原に、ポツリと建つ家だった。ほかには何もなかった。

男たちは車から降り、牧場の家の中に足早に向かって行った。花嫁の到着を知らせるためだろうか。車に残されたのは私とアイティレックだけだった。

アイティレックは車の内側に体を傾け、座ったまま背もたれに顔をうずめていた。昨日まで大都会のビシュケクで生活していた少女がこんな所に連れてこられたら、逃げ出したくなるはずだ。しばらくすると、家の中から女性が白いスカーフを持って車までやってきた。そして、アイティレックに花嫁の象徴であるそのスカーフを被せた。車から降りて家に入り、二〇帖ほどの部屋に一人取り残されたアイティレックは、床に座り込み白いスカーフを被せられたまま、黙り込んだ。

「大丈夫です」

すぐに夕食をとることになった。皆でダイニングルームへ移動したが、客たちにチャイを入れるのは新婦の役目だ。まだ、どこに連れてこられたかも分からないでいるアイティレックは、慣れない手つきでチャイを入れ始めた。

大草原の中で、携帯電話も繋がらない。いきなりこのような環境の中に取り残されて、アイティレックは生活していけるのだろうか。私は「帰りたくない？　大丈夫？　携帯電話の電波も繋がらないいんだよ」と尋ねた。

この時までに、アイティレックは前日に会ったばかりのバクティエルに好意を持っていると、私は感じ取っていた。ただ、ついさっきまで部屋に残された彼女は力なく座り込み、その姿から伝わってきたのは絶望感だけだった。本当にこの場所に嫁ぐことを受け入れられるのか、聞きたかったのだ。

しかし、彼女は「大丈夫です。ちゃんとここで生活していきます」と返事をした。私は、家の前に広がる草原で二人のポートレートを数枚撮影した。できれば結婚後のアイティレックの日常を数日間撮影したかったが、翌日は誘拐で自殺をしたウルスの裁判が控えていた。アイティレックが嫁いだ牧場から裁判所までは車で一二時間はかかる。そのため、夜暗くならないうちに、牧場を後にした。

判決

翌日の九月一二日、自殺したウルスを誘拐したシャインベックの公判を取材するため、イシククル州の裁判所へ向かった。裁判所で落ち合ったウルスの母ディナイクルは、裁判所に集まった親戚たちも紹介してくれた。しかし、この日は陳述を行う予定の証人が姿を見せず、公判は翌週へ延期された。

一週間前の九月五日にも私は裁判所を訪れていた。もともとの裁判の予定日はその日だったからだ。しかし、裁判長が理由を伝えることなく裁判所に来なかったことで、一二日に延期されていたのだ。何度も延期される裁判に懲りることなく足を運んでいる私を見ていたウルスの母、ディナイクルは数日後に私を自宅に招き入れてくれた。この時に初めてウルスの顔写真を撮影させてくれた。

一週間後の九月一九日、ようやく裁判が開かれた。

部屋の中に連れてこられた誘拐犯のシャインベックは小柄な男だった。警察官二人に挟まれ、うつむいたまま静かに長椅子に腰掛けた。

証言台に立ったシャインベックの親族たちは、二人はお互いを以前から知っていて、ウルスは結婚を快く受け入れていたなどと主張した。家に連れ戻されたのがショックで自殺をしたと言う者もいた。

検察官の立証や関係者の証言が終わると、裁判官は翌日に判決を言い渡すと述べ、閉廷した。この間、約一時間。私は法廷内で比較的自由に写真を撮影することができた。

ウルスの親族は裁判所を後にし、ウルスが埋葬されている墓地へと向かった。娘の死を受け入れられないでいた母ディナイクルが墓を訪れるのはこの日が初めてだった。まだ、埋葬されたばかりのウルスの墓には土が盛られたままで、墓石すら立っていなかった。

実は、ウルスにはこの年の九月に結婚する予定だった婚約者のアイベックがいた。

ウルスの墓を囲んだディナイクル、ウルスの姉、そしてアイベックは、しばらく墓の前にしゃがみこんだまま離れず、泣き続けた。アイベックは、目を腫らしながら、私にこう話した。

「僕とウルスは二年間付き合っていました。彼女が生きていれば今頃結婚する予定だったんです。一緒に病院に行ったり、車の運転の練習をしたり、そういう小さな何気ない日常の思い出が積み重なっています」

翌日、裁判所でシャインベックに懲役六年の判決が言い渡された。

ためらいながらも決行

九月半ばから一〇月の終わりにかけて二人の女性の誘拐を直接取材した。農作物の収穫が終わり、本格的な冬が始まるまでのこの時期に、誘拐が多発するという。

一人は、誘拐されたものの結婚を拒否し続けて実家に帰ったファリーダ・カナットベコワ。もう一人は嫁ぐ決断をしたディナラ・ドゥシェイバだ。

九月下旬、ウルスの裁判が終わった二日後だった。女子大生の二〇歳のファリーダは友人とナルイン州の州都ナルイン市内の住宅街を散歩中に突然車に押し込められ、誘拐された。

この数日前、私はたまたまナルイン市近郊の村々を車で移動している時に、近いうちに誘拐を考えている親戚がいるという男性に出会った。翌朝、教えてもらった住所の民家に行くと女性を誘拐すべきか話し合っている男たちがいた。本当に誘拐をするかしないか、実際にナルイン市内に行ってみないと分からないという。女性がいるかどうかも分からないからだ。はっきりしない状況だったが、私は別の車で後ろからついていったところ、目の前で誘拐が実行されたのだ。

誘拐したトゥシュトゥンベック・クルマナクノブとその仲間たちが、自宅へ帰る途中に何度も車を止め、どこからかやってきた親戚と合流したり、乗り降りを繰り返したりしていたため、状況は良くつかめなかった。

しかし、家に帰る途中の道端で親戚たちは車をリボンや風船で飾りはじめ、後部座席に座ったままのファリーダをよそに、車外に出てシャンパンで乾杯を始めた。そして、誘拐されてから一時間後にトゥシュトゥンベックの実家に連れてこられたファリーダは、年老いた女たちに無理矢理車から降ろされ、室内に連れていかれた。ファリーダにも結婚を考えている別の婚約者がいた。

「私に婚約者がいるのを知っていて、何で誘拐なんかするのよ。何が何でも絶対にここには残らないから」

二人は一年前にナルイン市で出会ったという。この日まで会ったのは三回ほど。トゥシュトゥンベックは、一方的にファリーダと結婚したいと思い続けてきたが、なかなか打ち明けるタイミングがなかった。誘拐の日の朝も、母親に「やっぱり誘拐しない方がいいんじゃないか」と相談したという。しかし、「もう決めたことなんだから」というのが母親の返事だった。

高齢の女たちに何時間も説得をされ、次第にファリーダの表情は憔悴してきた。誰が見てもファリーダが結婚したくないのは明らかだ。彼女は隙をみて母親に携帯電話で連絡した。

誘拐されてから一〇時間後。深夜にファリーダの兄が仲間三人を連れて家にやってきた。ファリーダは兄に抱きついた。兄は二人を引き離そうとする女たちに向かってこう言った。

「妹がここに残りたいというなら、僕は反対しません。でも見て下さい。彼女は泣いているじゃないですか。残りたくないと言っているから、絶対に連れて帰ります」

自宅へ戻る

しばらくトゥシュトゥンベックの親戚たちは、入り口を塞ぎ二人を帰さないようにしていた。室内の雰囲気はかなり緊迫していた。ファリーダの兄は最初は興奮していたが、次第に冷静さを取り戻し、「ゆっくり座って話をしようじゃないか」と切り出した。

近づいてきたトゥシュトゥンベックを見ると、自ら手を差し出し、握手を求めた。しばらく落ち着いた雰囲気の中で話し合いが行われた。

一時間後、トゥシュトゥンベックの親戚たちはファリーダを実家に帰すことに合意した。その際、「ここに誘拐され連れてこられたことを警察には通報しない」という文章を一筆紙に書かされ、午前二時すぎ、兄と一緒に帰っていった。

翌日、私はファリーダの実家を訪ねた。ガソリンスタンドを経営する裕福な家庭の娘だった。

「まさか私が誘拐されるなんて、思ってもいなかった。でも兄さんが来た時に、やっと家に

結婚式の朝，コショゴの中で招待客を待つチョルポン（18歳）．2日前に誘拐されたばかりだった（2012年7月，キルギス・イシククル州）

首都ビシュケクから遠く離れた牧草地にまで連れてこられ，結婚を受け入れたアイティレック（18歳）と，誘拐したバクティエル（22歳）（2012年9月，キルギス・イシククル州）

散歩中に誘拐され，小さな村に連れてこられた大学生ファリーダ（20歳）．誘拐した男の親族に腕をつかまれ，家の中へ連れていかれた（2012年9月，キルギス・ナルイン州）

ファリーダを助けに来た兄と，それでもなお引き留めようとする誘拐した男の親戚たち．この後，兄は妹を実家に連れて帰る

誘拐され，翌日に結婚を受け入れたディナラの結婚式．ウエディングドレスを身にまとい，親族と共に祈りを捧げる（2012 年 10 月，キルギス・ナルイン州）

結婚して数日後，深夜にキッチンで家事をするディナラに近づきキスをする夫のアフマット（24 歳）

1954 年に結婚した老夫婦．現在の誘拐結婚は「伝統ではありません．ただの流行です」と断言した（2012 年 7 月，キルギス・イシククル州）

2012年6月に誘拐されて，自殺をした女子大生ウルスの墓の前で泣き崩れる母(手前右)，姉(中央)と婚約者のアイベック(左)(2012年9月，キルギス・イシククル州)

2歳の娘を抱くエルヴィラ・カスモバ(26歳). 2004年, 乗車したタクシーの運転手に誘拐された. 抵抗したが高齢の女たちに説得され, 結婚. 夫は酒ばかり飲み暴力をふるうため, 12年春に娘を連れて実家に逃げた. 「早く離婚して, 自分の将来のために時間を使いたい」(2012年7月, キルギス・イシククル州)

帰れるんだと、本当に嬉しかった」

私は、「警察に通報するつもりは本当にないんですか？」と尋ねた。ファリーダは、こう答えた。

「はい。あの家に到着した時にすぐに分かったんです。あの人の家庭は裕福ではないと。悪いのはトゥシュトゥンベックで、彼の家族ではありません。高齢のお年寄りもいました。なので、警察に通報することで、これ以上ご家族を苦しめるようなことはしたくないと思ったのです」

この二週間後、ファリーダは以前から交際していた婚約者と結婚した。

ドライブに誘い誘拐

さらに一ヵ月ほど経った一〇月下旬、二二歳の女子大生ディナラ・ドゥシェイバが誘拐された。

「お願いだから車を止めて！　ドライブに誘い出しておいて、誘拐するなんて！　嘘をついたのね。アフマット、あなたは最低な男！」

ディナラが誘拐されたことに気づいたのは、渓谷沿いを走る車がナルイン市の入り口の峠にさしかかった時だった。

黒い革ジャケットを着た学生らしい装いのディナラが、迎えに来たアフマット・カスンバエブの車に乗り込んでから二〇分が経っていた。車のスピードがどんどん上がっていく。峠を越え北西の方角へしばらく走り、見えてきたのは、標高二〇〇〇メートルの果てしない放牧地。時々すれ違う家畜の群れを移動させる羊飼いたちは、車の中で何が起きているかなど、もちろん知るはずがなかった。

「元いた所に帰して。お願い。私はあなたのことをよく知らないんだから！」

ディナラは泣きながら車から脱出しようとするが、アフマットはスピードをさらに上げ、黙って運転を続ける。車のトランクには純白のウエディングドレスが入っていた。

誘拐の一〇日前、アフマットはナルイン市の市場で出会ったディナラに一目惚れした。すぐに知り合いを通して電話番号を聞き出し、二回目に会った時にプロポーズをしたという。しかし、ディナラは「まずはお互いのことをよく知ってから。一年は待って」と返事をしていた。

誘拐を実行した二四歳のアフマットは、高校で歴史を教える教師だ。誘拐結婚が違法なことも知っている。生徒たちの模範にならなければと当初はためらっていたが、二日前に決意した。

アフマットの後ろには仲間たちの車が続いている。彼の住む村が視界に入ると、仲間の車は一斉にクラクションを鳴らし始めた。新しい花嫁が嫁いでくることを村人たちに知らせるためだ。アフマットの自宅では親戚や友人、近所の住人など約四〇人がディナラの到着を待ち構えていた。

結婚パーティの準備は、万全に整っていた。

「理想の女性」

私がアフマットの誘拐計画を知ったのは、一〇月、誘拐結婚で一年前に夫婦となった別の男女を取材している時だった。夫のタラントが「そういえば、この村で誘拐を考えている男がいるよ」と教えてくれたため、インタビュー後に、すぐにその男の家を訪れた。そこに住むのがアフマットだったのだ。

ナルイン州のほぼ中央に位置するアフマットの村は、人口は一〇〇〇人ほど。ナルイン州は隣国からの文化的な影響をあまり受けておらず、古い伝統が今も残されており、キルギス人の心の故郷とも言われる地域だ。

アフマットの家は、馬に乗って人びとが行き交うのどかな平原の中に建っている。家の前でアフマットの母バクティグルと立ち話をすると、「息子が結婚するんです、誘拐で」と、嬉しそうに打ち明けた。

首都のビシュケクに滞在中、ＮＧＯ関係者たちから、誘拐結婚の現場に遭遇することはあるかもしれないが、プライベートに行われていて、さらに違法でもあるこの結婚の状況を部外者である外国人が撮影をすることなど絶対に不可能だ、同じキルギス人でも難しいと言われていた。私は遠回しに取材のお願いをするよりも、単刀直入に聞いた方がいいと判断し、日本から誘拐結婚の取材でキルギスに来たことを伝え、撮影をさせてほしいとお願いをした。写真は雑誌や新聞だけではなく、インターネットに載る可能性もあると説明した。

「もちろんいいわよ」。バクティグルは了解してくれた。簡単に取材を受け入れたのは、罪の意識が薄いことと、この地域で誘拐婚があまりに日常的に行われていることが要因だったと思う。アフマットと、その友人たちが集まってきた。アフマットは、「はじめまして!」と、さわやかな明るい笑顔で、握手を求めてきた。そして、照れながら、こう語った。

「この一年間、結婚相手を探し回ったけど、この人という女性に出会うことがなかった。でもディナラを見た時、この人しかいないと思ったよ。理想の女性だった」

強引な説得

アフマットがディナラを連れて自宅に戻ったのは午後九時だった。

高齢の女性たちは必死に抵抗するディナラを車から無理矢理引き出すと、家の一室に連れて行った。キルギスの伝統的な刺繍布が敷き詰められた六帖ほどの部屋には、親戚や家族の女性たちが大勢座っていた。

「アフマットはあなたのことを本当に愛しているの。悪く思わないであげて」

アフマットの母親バクティグルは、ディナラの頬にキスをする。

「私のお母さんのことを考えてください。きっと心配しているはずです！」

泣きながら抵抗するディナラをアフマットの親戚たちが囲み、着ていたロングブーツ、ミニスカートを無理矢理脱がし、キルギス女性が着る伝統的な部屋着を着せた。

親戚の女性の一人が、部屋の隅に小さくうずくまるディナラに近づき、顔を覗き込んだ。

「私たちも若い時に誘拐されて、最初はあなたみたいに泣いて抵抗したけど、今はとても幸せよ」

顔を背けるディナラの周りに女性たちが集まり、花嫁の象徴である白いスカーフを頭に被せようとする。

「やめてください。私はアフマットを愛していない。いくら説得されても絶対に帰ります！」

アフマットの母親や二人の祖母、親戚の女性たち一五人ほどが彼女を囲んでいた。その様子をアフマットの妹や近所の子どもたちがじっと見ていた。

隣の部屋では招待された客たちが結婚を祝うパーティを始めている。誰もが数時間後にはディナラが結婚を受け入れると確信していた。

「彼は本当にいい人なのよ。タバコも吸わない、酒も飲まない、学校の先生で頭もいい。一度被ったスカーフを取るのは失礼なことですよ」

アフマットの若い友人の女性がディナラの耳元でささやいた。

「絶対に家に帰ります。こんな結婚の仕方は間違っている。とにかく絶対に帰ります」

こう言うと、ディナラは目を閉じ、両手で耳を塞いだ。

介入すべきか

私がディナラだったら、今すぐに目の前にいる年上の女性たちを振り切って、たとえ蹴り飛ばしてでもこの場から逃げるだろう。そして警察に通報し、明日の朝には誘拐した男を捕まえてもらう――。そう考える。しかし、キルギスの村社会では誘拐結婚が「慣習」として受け入れられてしまっている。

一度、男性の家に入り実家に帰ったとしても家族に「恥」をかかせてしまうという。狭い村社会で、噂はあっという間に広まる。この社会の中で生きていかなければならない女性たちにとっては、たとえ結婚を拒否して実家に帰ることができても、それで終わりではないのが現実だ。

ただ、キルギスの誘拐結婚は「家に帰りたい」と言い続ければ、帰さなければならないという「暗黙のルール」がある。頑に拒否し続ければ、自宅に帰ることもできるし、結論を出す前に両親と相談することも許される。それでも帰さず、無理矢理、結婚式を始めたり、さらに目の前で彼女がレイプされそうになったりするような状況になれば、その時は私が介入して救出すると決めていた。これはディナラだけではなく、ファリーダたちの時もそうだ。

一方で、被害者の両親が、結婚を受け入れるよう求めることもある。誘拐された女性たちが自分の両親に「結婚したくない」と助けを求めたのに、両親が最終的に「受け入れなさい」と言うこともあるのだ。その時に、私は家族の問題に入っていくことができるのだろうか。結婚せず、逆にそのことで彼女たちが「恥」を負いながら生きていくことになった時、私は責任を取れるのだろうか。それはできない。

「その場にいながら何故助けなかったんだ」と、後から言うのは簡単だ。しかし、人間関係、価値観や「文化」など、その場に居合わせたからこそ分かる複雑な背景を理解した上で判断しなければばならない。できる限り、その場の状況の記録に徹することを決めた。

五時間後

午前一時、ディナラは結婚を受け入れた。誘拐されてから五時間以上が経っていた。

すぐに母親に連絡をし、アフマットと結婚する意志を伝えた。しかし、突然娘が誘拐されていた事実を知らされた母親は、とりあえず一度自宅へ戻るようディナラに伝えた。娘とゆっくり話をするべきだと考えたようだ。アフマットの両親には、結婚の証であるイヤリングを持って次の日に迎えにくれば、必ず娘を送り出すと約束した。そのため、この日は、ディナラは迎えにきた親戚とナルイン市の自宅へ帰った。

翌日、ディナラの実家で食事会が開かれた。アフマットが持ってきたウエディングドレスを身にまとったディナラは終始うつむいたままだった。その様子を見つめていたアフマットと彼の友人は互いに視線をやった。二人はディナラが仕方なく結婚を受け入れたことを十分に理解しているはずだ。それでもアフマットは最愛の女性を手に入れることができて良かったとほっとしていたように見えた。

ディナラは一九九〇年にナルイン市に生まれ、大学ではロシア文学とトルコ語を学んでいる。将来は都会に住むのが夢だった。大学の学長室には成績が優秀なディナラの写真が立てかけられている。だが、誘拐結婚を境に、ディナラの人生は一変した。

新婚生活

ディナラとアフマットの結婚パーティは一週間続いた。

私はアフマットの自宅で、この新婚夫婦の生活を取材するために、寝泊まりしながら撮影を続けることにした。一〇日前に出会ったばかりの男性に誘拐され、結婚をしたディナラの心境がどのように変化していくのかを知りたいと思った。そして、彼女に聞きたいことがたくさんあった。

ディナラは朝七時に起床し、訪れてくる招待客のために食事を作る。初めて顔を合わせる招待客がやってくる時には、コショゴの中に入って待機する。私もこの中に一緒に入り、できるだけディナラとコミュニケーションを取るようにした。通訳のチョロは男性なので入れない。私は、いつでもディナラと意思疎通ができるように常に露和／和露辞書を中に入れていた。

ディナラが唯一、気を休めて客や親戚たちには見せない素の表情を出すのが、このコショゴの中だった。調理、洗濯、皿洗い、あるいは初対面の招待客の接待で、ディナラの一日はあっという間に終わる。寝るのは午前二時ごろ、家中の全員が寝た後だ。それでも、ディナラは常に笑顔で招待客に接していた。

疲れてコショゴの中に入り休息を取るディナラを気遣って、アフマットが時々、チャイとお菓子を持ってやってきた。二人の距離が少しずつ縮まっていくように見えた。

結婚して三日目の昼、アフマットがコショゴの中から出て来た。入れ替わりで、私がそっと中に入ると、ディナラはコショゴの中で顔を下にうずくまっていた。二〇秒くらい沈黙が続いた後、ディナラが露和辞書を手に取った。憔悴しきった表情で私に話しかけてきた。

「アフマットは、本当は私のことなんて好きでもないのに、結婚したんだと思うの」

私は、なぜそう思うのかを聞いた。

「なんとなくだけど、常にそう感じるの……」

私は、もう一つ質問した。

「アフマットのことをどう思う？　好きなの？」

ディナラは「ん〜、少しね」と言って、親指と人差し指の指先を近づけて見せた。そして、こう続けた。

「これから好きになっていけばいいかな。でも、家事が多すぎて私の睡眠時間が足りないし、体が持たないわ」

ちょうどその時、アフマットがコショゴに近づいてくる足音がした。ディナラは慌てて辞書をクッションの下に隠した。


「私たちの伝統だから」

ある日の夕方、私とチョロ、ディナラ、アフマットの妹の四人でキッチンの椅子に腰掛けていた。私は、チョロに「何で、五時間抵抗した後に結婚を受け入れたのか、キルギス語で聞いてみてくれる？」と頼んだ。

それを聞いたディナラは、少し微笑んで「あとでね」と私に英語で返事をした。そしてみなが寝た後の夜中に、二人だけでキッチンで話をすることにした。

深夜、キッチンに行くとディナラは一人で皿洗いをしていた。私に気付くと手を止め、台所の椅子に腰掛けた。辞書を使いながら「本当は一年後にトルコのアンカラに行く予定だったの。知り合いに紹介してもらったコンピューター関係の仕事も決まっていたわ」と話し始めた。彼女は、既に家中が寝静まっているのをもう一度確認すると、ゆっくりと続けた。

「プロポーズをされた時に、一年後に結婚を考えましょうと言ったのは嘘だった。最初から結婚するつもりなんてなかったの。トルコに行ってしまえばそれでいいと思っていた。私って本当に自分勝手でしょ。でも、夢はもう叶わないわ」

私は説得され続けても泣きながら抵抗していたディナラの顔を思い出していた。あの時、将来アンカラで働く自分自身の姿を想像していたのかもしれない。大学でトルコ語を勉強していたのも、このためだったのかと、いま分かった。私は一番聞きたかった質問を投げかけた。

「なんで、最後に結婚を受け入れたの？　あんなに拒否していたのに……」

ディナラはまっすぐ私の目を見て、慣れない英語で、力強くこう言った。

「私たちの伝統だから」

自分の将来よりも、「伝統」の方が大事なのかと、聞き返そうと思ったがやめた。

彼女は、結婚を受け入れて失うもの、そして、拒否することで失うものは何かを考え、比べた結果、結婚を受け入れたのだ。誘拐結婚は、個人の意識を変えるだけでは無くならない。地域や社会の意識を変えない限り、無くすことはできないのだ。

それから一週間、ディナラは少しずつ、地域の村人たちやアフマットの家族と打ち解け、だんだんと自然な笑顔も見られるようになった。そして真面目で酒を飲まず、家事も手伝ってくれる夫に対し、少しずつ心を開き始めていた。二人は手をつなぐようにもなった。ディナラは、私にも不満を漏らさなくなった。

二週間後、自宅には結婚の記念に撮影した写真が飾ってあった。

主婦になったディナラは、アフマットの帰りを待ちながら「誘拐されたことを全然後悔していないわ。だって今はとっても幸せだから」とアイロンをかけながら、微笑んでそう語った。

本当に「伝統」か

「私たちの伝統だから」と言って、結婚を受け入れたディナラ。しかし、本当に、誘拐結婚は「伝統」なのか。

「誘拐結婚はキルギスの伝統ではない。強引に女性を連れ去り誘拐する今の形の Ala Kachuu が増えたのは二〇世紀に入ってからだ」

アメリカ・フィラデルフィア大学のラッセル・クラインバック名誉教授はこう断言する。クラインバック名誉教授はキルギスの誘拐結婚の研究者で、ビシュケクのアメリカン大学で客員教授も務めている。

キルギスが一九二〇年代にソビエトの自治州（のちに共和国）になる前は、両親が決めた相手と夫婦になる見合い結婚が主流だった。誘拐がまったくなかったわけではない。一九世紀以前の誘拐というのは、両親に決められた相手との結婚を拒否した恋人同士が、駆け落ちをすることだった。

両親に結婚を反対された若い恋人たちが、夜中にこっそりとユルタから馬に乗って逃げていく物語は、よくキルギスのテレビドラマや映画の題材にされている。ビシュケクからキルギス東部のイシククル湖方面へ向かう途中にKyz Kuyoo《クズ・クヨー》（花嫁と花婿という意味）という崖があり、ここで両親に結婚を反対された恋人たちが身を投げたという伝承、「ブームジョージ」が広く知られている。

クラインバック名誉教授は、かつては女性の合意なく無理矢理連れ去る誘拐結婚は、ほとんど無かったと主張する。そもそも近代化以前の遊牧民生活では、思春期までには結婚相手が決められていることがほとんどで、そのような少女たちを別の男が誘拐することは社会的に許されるはずがなく、明確な罪であると見なされていた。

さらに、もし誘拐結婚がキルギスの伝統であるなら、キルギスで語り継がれてきた口承叙事詩「マナス」に登場するはずだという主張もある。数十万行にもおよぶマナスの語り手であるマナスチたちによると、ここには誘拐結婚は登場しない。

「流行のファッション」

ではなぜ、二〇世紀に入り誘拐結婚が増加したのか。

クラインバック名誉教授は次のような仮説を主張する。

二〇世紀に入り、キルギスがソビエトの共和国になると経済活動や社会システムが急変し、それまでの遊牧生活から定住生活に変わった。さらに女性たちは教育を受けるようになり、男女平等の意識がキルギス人たちの間に芽生えた。それまで両親が決めていた結婚相手ではなく、自分たちで相手を選びたいという自由な意志が生まれ、その結果として、かつて行われていた同意の上での誘拐結婚が増加した。そして、駆け落ちの誘拐結婚が、「伝統」としてここ半世紀の間に、現在の暴力的な誘拐結婚の形にねじ曲がって伝えられた。

イシククル州東部の村に暮らす老夫婦に、私は話を聞いた。

エシェンさん(八三歳)と妻のトゥルスンさん(八二歳)は、一九五四年九月に誘拐で結婚した。だが、同じ村出身の二人は小さな頃からお互いのことを知っていた。エシェンさんはこう語った。

「私たちはお互い愛していました。妻のトゥルスンを誘拐する前に何度も手紙のやりとりをしていたし、今のような暴力的なやり方で妻を誘拐したわけじゃないのです」

トゥルスンさんもうなずき、笑顔でこう言った。

「突然、夫が友人と私の家にやって来て、私は手を引いて連れて行かれたのですが、全く抵抗などしませんでした。この人の妻になるのだなと、納得して嫁いで行ったのです。私たちの結婚生活は幸せです」

そして、彼女は、こう断言した。

「今のような暴力的な誘拐結婚は、キルギスの伝統じゃありません。最近流行になったファッションなのです」

再訪

私は、ウルスの裁判の直前に取材したアイティレックのことがずっと気になっていた。首都ビシュケクから大草原へと連れ出され、結婚を受け入れた一八歳の少女だ。

これまで誘拐結婚の撮影をして、その後の家庭生活をフォローアップで取材していなかったのはアイティレックだけだった。キルギスで一番最初に取材したチョルポンの自宅は私の運転手の実家の近くだったために、時々顔を出して話を聞いていた。

一一月に入り、私は泊まり込みで行っていたディナラの取材を一度中断し、約八時間かけてアイティレックが嫁いだ牧場に様子を見に行くことにした。

早朝に出発し昼すぎにアイティレックの家に到着すると、彼女は穏やかな表情で迎えてくれた。それでも、だいぶ痩せ、一気に歳を取ったような印象を受けた。新婦が被る白いスカーフではなく、既婚女性が被る色鮮やかなスカーフを着けていた。夫のバクティエルや雇い主のオーナーたちは馬で牧場に出ていて、室内にいたのはオーナーの高齢の両親だけだった。

居間に通されると、アイティレックは黙ってチャイを入れ、目を合わせようとしない。

私は夫たちが帰ってくる前に、話を聞こうと思い、声をかけた。すると、ここでは話せないので寝室に来てくださいと言う。二人で入ったのは薄暗い小さな部屋だった。

すると、彼女は突然泣き出し、「もう、こんなところにいたくない。絶対にここから出たいんです」と訴えた。「何であの日に、結婚に同意してしまったのか、自分でも信じられない」と続けた。

夫に暴力をふるわれ、一度牧場から逃げ出そうとしたが、追いかけられて引き戻されたという。持っていた携帯電話は、たたき壊された。そして、結婚してから一度も実家の両親に会っていなかった。

私は、現実を切り取って記録し、伝えるということを仕事にしている。目の前で起きていることに、直接干渉することはできるだけ避けなければならないと思っている。しかし、今回は例外だった。アイティレックがここにいるのを知っていて、彼女をここから救出することができるのも私と通訳、運転手だけだった。

私は通訳のチョロに、「とにかく今日絶対にアイティレックを一緒にビシュケクに連れて帰り、一度彼女の両親に会わせるべきだ」と話をした。

介入

しばらくして、夫や牧夫、オーナーが帰ってきた。私たちの突然の訪問に驚いたようだった。一時間ほど一緒にチャイを飲んだ後、突然、オーナーが私たちに「もう帰ってくれ」と言い出した。私は結婚した日のように、少しだけ夫婦の結婚生活を撮影したいのだとお願いしたが、全く聞き入れてくれなかった。オーナーはアイティレックの家庭内暴力のことを知っていた。貧しい家庭に育ったバクティエルを牧場に住み込ませて働かせているのがこのオーナーだった。

その時、突然アイティレックが泣き出した。「私もビシュケクに行く!」。カバンを取り出した。その様子をみたバクティエルがアイティレックに近づき、強い口調で怒鳴り始めた。

「余計な事を言ったら、どうなるか分かってるな」

これ以上、バクティエルを興奮させると、事態はより悪化すると判断した。

私は、「分かった。今日は帰る。その前に少しだけアイティレックと話をする時間が欲しい」と頼んだ。そして、アイティレックとチョロと三人で、離れた場所に行き、話をした。チョロはその場の雰囲気を考え、急な行動を取るのはあまりに危険だと言う。アイティレックも「とりあえずしばらくここで待っているから、ビシュケクに帰ったら、私のことを誰かに伝えて欲しい」と話した。

嫁いだ日には、「私は大丈夫」だと言っていた花嫁が、一ヵ月後には暴力を受けていた。家族とも連絡を取れず、大平原の中で電話が通じず誰にも助けを求められない。さらに一度自力で逃げようとしたが無理矢理連れ戻された。「実家に戻りたい」と、本人の意思を直接確認した。私は、今回はこの状況に介入することにした。

写真家がその場の状況に介入するか否かについて、「なぜ助けないで撮影するのか」という批判や、あるいは逆に、「活動家でもない写真家が介入するのはプロ意識に欠ける」という意見もある。私は場の状況に応じて、自分の立ち位置を考え、その時々で方法を考えたい。今回のキルギスの取材もそうだ。正解はないと思う。そこに居合わせたからこそ、判断できることもある。ひとつ言えるのは、もう一度私がその場にいたら、きっと同じ行動を取るということだ。

私たちは首都のビシュケクに戻ると、すぐに女性人権問題に取り組むＮＧＯの事務所に向かった。そして、アイティレックの状況を説明し助けてほしいとお願いした。

しかし、「ガソリン代がない」などと言い動こうとしない。必要な費用は日本円で約一万円ほどだ。私が出すことにし、現地の警察にも連絡をしてもらい助けに行くことにした。だが、突如大雪が降り出し、アイティレックが暮らす家までの道が遮断され、救助が延期になった。

そうしているうちに帰国の日が近づき、私は現地に行けなかった。結局、私の介入は一時的なものになってしまったが、帰国後に一緒に動いていたチョロや運転手に連絡して確認したところ、そのNGOは救出に加わらず、バクティエルとアイティレックは、協議の上、別れたという。

取材を終えて

キルギスに滞在していた四ヵ月半の間に、約二五組の夫婦のポートレート写真を撮影した。「誘拐されたけど、今は幸せに暮らしている」と話す女性たちがいた。その対極には、婚約者がいるにもかかわらず誘拐されたり、家庭内暴力に苦しんだり、自殺にまで追い込まれる女性たちの存在があった。

取材を終えて、あらためて考えてみると、私がイシククル州でチョルポンやウルスの裁判の取材をしていた時に、同じ部屋で、何週間も一緒に生活をさせてもらっていた、運転手の姪の女子高校生グルマイラの言葉が、多くの若いキルギス人女性の本音を代弁しているだろう。彼女の祖父母も約四〇年前に誘拐で結婚している。

「この村を散歩しながら、よく思うの。今日、突然、誰かに誘拐されたらどうしようって。誘拐で結婚したいなんて、誰も思わない」

キルギスでは、「誘拐して結婚する男は最低だ」という若い男性たちにも会った。「誘拐されたら何をしてでも逃げる」という若い女性たちもいた。キルギスで誘拐結婚は少なくないが、それはおかしい、と考えている人たちが多いのも、現実である。

あとがき

本書を執筆中の二〇一三年一〇月。

ガンビアの新聞社 The Point の元記者で、二〇〇八年に襲撃され、セネガルで亡命生活を送っているジャスティスと久しぶりに電話で話をした。彼は、今も仕事に就いていないという。

「僕はいつだってジャーナリストでありたいと思っている。それ以外の仕事は考えられないんだ」

二〇〇七年に一緒に働いていたガンビアの記者たちの多くが、国外に移り住み、世界各国で暮らしている。ジャスティスと共にアメリカの Freedom Newspaper に密かに記事を送っていたアラジは、アメリカに移り、米軍の兵役に就きながら大学で刑事司法を学んでいる。

アフリカ大陸の小国であるガンビアのジャーナリストたちが大きなリスクを抱えながら伝えようとしていた情報は、ガンビアを一歩外に出れば、それほど大きなニュースではないかもしれない。そこに暮らす人びとの生活を取り上げても、多くの人びとは関心を示さないかもしれない。しかし、世界中にはニュースにならない現実が溢れている。ほとんど取り上げられることのない社会の片隅で生きる人びとの物語を写真で伝えられるような仕事ができたらという思いは、この国に滞在中に生まれた。

今の私は、自由に動き回って取材ができ、それを雑誌や新聞、ブログ、SNS（ソーシャル・ネットワーキング・サービス）などで発表する自由がある。幸い、フォトジャーナリストとして、そのような仕事ができるようになった。ガンビア時代にお世話になったジャーナリストたちもそのことを喜んでくれている。

一方で、報道に対する厳しい制約の下で、誰かから評価されることも期待せず、自分たちがしていることが正しく、意義があると信じて必死に活動しているジャーナリストたちがいる。私は、そのことを忘れないで仕事をしていきたいと思っている。少しでも彼らに近づけるようにと思い、取材を続けてきたつもりだ。

二〇〇七年のリベリアは、私が初めて自分の取材として訪れた国だった。

当時撮影した写真をいま見返して思うのは、表面的な写真ばかりだということだ。何を撮ろうとしていたのか、その時は分かっていたつもりでも、本当は分かっていなかったのだと思う。

リベリアからの帰国後、私は色々な人に写真を見てもらった。アフガニスタンやコンゴなどを取材している韓国人のフォトジャーナリストのジーン・チャンからは「これは個人的な旅の思い出の記念写真のレベル。被写体が撮影者の存在を意識していない時の表情を見てみたかった」と言われた。フォトジャーナリストの広河隆一さんは「被写体への近づきが足りない」と話した。単純に距離の問題ではなく、心の距離だった。

あるアメリカ人の友人の写真家は「状況が不安定な地域へ行ったという証拠写真のような写真なんて撮りやすい。大切なのは撮影者が単にその現場に居たということではなく、そこで起きていることを、どう写真に切り取るかということだ」と言った。

リベリアでは撮影に応じてくれた人たちと一緒に過ごした時間もあった。それでも、もっと深く、彼らの生活に寄り添うべきだった。そのための努力はまだ足りなかったのだ。

取材は試行錯誤の連続だったが、その反省を少しずつその後の取材に活かすことができた。自分に何が足りなかったのか、当時の自分の行動や写真を見ながら何度も考える機会も得た。そういう意味で、リベリアでの経験は私にとって大切な一歩になった。

カンボジアでボンヘイと出会い、初めて取材相手と生活を共にして、撮影することになった。

誰かの物語をフォトストーリーとして伝えるためには、ただシャッターを押してたくさんの写真を撮ること以上に、相手を観察し、コミュニケーションを取り、理解することがいかに大切なのかを実感した。

私は現場の全ての状況が見えているわけでも、切り取れるわけでもない。

それでも、写真で伝えることを仕事にしている以上、私の視点で見たものを、一瞬の写真に焼き付け、見る人の想像力を駆り立て、心に残るような写真を撮っていかなければならない。

これからも彼の歩みにできるだけ寄り添っていきたいと思っている。


パキスタンの硫酸被害者の取材は、その後の写真の発表をめぐって、様々な事を考えた。帰国後、被害者の女性たちの写真をいくつかのメディアで発表し、写真展も開催した。これまで面識のなかった人たちからも様々な感想が寄せられたが、その中で、「ここまで酷い目に遭った女性の写真を撮るのは冷淡だ」「肉体を傷つけられた人たちの写真を撮るのが好きなのか」などといった批判を受けることがあった。

「もっと希望のある写真を撮ったらどうか」「厳しい環境の中で生きている子どもたちの笑顔を撮ってほしい」とも言われた。たしかに、日本では特にそういう写真が求められているように感じる。端的に、「刺激が強すぎる」「こういう写真は見たくない」「展示できない」と言われたこともあった。

しかし、人が見たいと思う写真に自分の撮るものを合わせたり、人の好みに応じるために私の取材の仕方を変えたりするようなことはしたくない。

見たくないから見ないといえば、それで済んでしまうのが日本で暮らしている私たちの日常かもしれない。ただ、世界には見たくないと思っていても、見なくてはいけない問題に直面しながら生きている人びとがいる。パキスタンの硫酸被害者の女性たちも同じだ。損壊した顔を見ないで済むのなら一生見たくないはずだ。それでも彼女たちは、鏡に映る自分の姿をじっと見つめて、その現実を受け止めて生きている。

セイダの実家に滞在していた際、ある朝、セイダが鏡の前に立ち尽くして自分の姿をじっと見つめていた。その姿を思い出すたびに、思う。「刺激が強いから」といって簡単に目を背けるのではなく、彼女の瞳や火傷で変色した肌の色、溶けて突っ張った皮膚を直視してほしい。そこから彼女の苦しみや強さ、潔さ、女性らしい美しさが伝わればと思っている。

東日本大震災の最初の一ヵ月の取材は、とにかく津波の被災地を動き回った。ドキュメンタリーの取材とは違い、アサイメントで、時間を気にしながらニュース写真を必死に撮っていた。撮影に応じてもらった方々とじっくり向かい合い話を聞く時間も十分になく、日々目まぐるしく変化していく風景を追っていた。

避難所から聞こえてくる日本語の会話は、外国からやってきた友人のカメラマンたちにとっては単なる「雑音」でしかなかったかもしれないが、私には重く響いてきた。

二〇一一年四月八日に、あの身元不明者の仮埋葬の場を取材した写真が、ご遺族にとって、当時の埋葬の様子を知るための貴重な記録になったということが分かった時に、写真の可能性を感じることができた。

そして、キルギスでは悩みながら取材を続けていた。

当初、誘拐結婚は女性に対する人権侵害だと考えて取材を始めたが、途中から誘拐結婚後に幸せに暮らしている女性たちもいることが分かり、これはキルギス社会に根付いた文化なのではと思うこともあった。

帰国する数日前に会ったディナラは、自宅で紅茶を入れながら、嬉しそうに私にこう言った。

「もしかしたら来年子どもが生まれるかもしれない。その時にはまた取材に来てね」

ディナラのような女性たちもいる中で、誘拐結婚をどう伝えるべきか、考え続けた。

「誘拐結婚は人権侵害で、問題提起という意味で発表する」のか、それとも「慣習としての誘拐結婚を、文化紹介として発表する」のか。私がキルギスで撮影した六〇〇〇枚以上の写真の中からどのシーンをセレクトするかにより、誘拐結婚の伝わり方も異なってくる。

実際に文化紹介ということでキルギスの誘拐結婚を伝えるのには十分な素材はあった。

しかし、取材を進めるうちに、女性たちがいかに暴力的に連れ去られているかを目の当たりにし、婚約者がいるにもかかわらず誘拐されたり、家庭内暴力に苦しんだり、さらに自殺に追い込まれた女性の遺族の苦悩を知り、これは単なる「キルギス固有の価値観」や「文化」として紹介するべきことではないと思うようになっていった。

日本人としての特定の価値観を基準に、他国で起きている「慣習」を否定する行為はおかしいのではないか、という意見もあった。しかし、誘拐結婚はキルギス社会全体で認められている慣習ではない。違法であり、これはキルギスの文化ではないと主張するキルギス人も多くいる。

アフマットに誘拐され家に連れてこられたディナラが、「結婚したくない。絶対に家に帰ります」と泣きながら抵抗している様子を見ていた、アフマットの一三歳の妹が「私は絶対に誘拐なんかされたくない」と呟いていた姿が忘れられない。

本格的に写真に専念し始めてまだ数年だが、これまでに取材現場では、非常に多くの方たちのお世話になった。厳しい状況の中でも一緒に行動してくれた通訳、運転手、宿泊施設のない各国の村々で寝場所や食事を提供してくれた村人たち——。写真を発表すれば、クレジットに書かれる名前はいつも撮影者であるフォトジャーナリストや写真家たちだが、カメラの後ろ側には写真には決して映ることのないこのような方たちの支えがある。私も彼ら、彼女らの支えがなければ、取材を進めることはできなかった。

最後に、この本を書く機会をいただいてからの二年間、何度も細かい相談に乗っていただきながら、丁寧に本書を作り上げていただいた、岩波書店の担当編集者、安田衛さんに心から感謝いたします。

そして、本書を手に取ってくださっている読者の皆様に、お礼を申し上げます。

二〇一四年一月

林　典子

林 典子

1983年生まれ．2006年，ガンビア共和国の新聞社で写真を撮り始める．名取洋之助写真賞，三木淳賞，DAYS国際フォトジャーナリズム大賞，Visa pour l'Image報道写真特集部門金賞，NPPA全米報道写真家協会賞1位，世界報道写真財団Joop Swart Masterclass選出など．ニューヨーク・タイムズ紙，ナショナル ジオグラフィック日本版，ニューズウィーク誌，デア・シュピーゲル誌などに寄稿．

著書―『フォト・ドキュメンタリー 朝鮮に渡った「日本人妻」――60年の記憶』(岩波新書)
『フォトジャーナリストの視点』(雷鳥社)
写真集『キルギスの誘拐結婚』(日経ナショナル ジオグラフィック社)
写真集『ヤズディの祈り』(赤々舎)など

フォト・ドキュメンタリー 人間の尊厳
――いま，この世界の片隅で　　岩波新書(新赤版)1471

2014年2月20日 第1刷発行
2022年10月5日 第3刷発行

著 者 林《はやし》 典子《のりこ》

発行者 坂本政謙

発行所 株式会社 岩波書店
〒101-8002 東京都千代田区一ツ橋2-5-5
案内 03-5210-4000 営業部 03-5210-4111
https://www.iwanami.co.jp/

新書編集部 03-5210-4054
https://www.iwanami.co.jp/sin/

印刷製本・法令印刷 カバー・半七印刷

ISBN 978-4-00-431471-4　　Printed in Japan

岩波新書新赤版一〇〇〇点に際して

ひとつの時代が終わったと言われて久しい。だが、その先にいかなる時代を展望するのか、私たちはその輪郭すら描きえていない。二〇世紀から持ち越した課題の多くは、未だ解決の緒を見つけることのできないままであり、二一世紀が新たに招きよせた問題も少なくない。グローバル資本主義の浸透、憎悪の連鎖、暴力の応酬――世界は混沌として深い不安の只中にある。

現代社会においては変化が常態となり、速さと新しさに絶対的な価値が与えられた。消費社会の深化と情報技術の革命は、種々の境界を無くし、人々の生活やコミュニケーションの様式を根底から変容させてきた。ライフスタイルは多様化し、一面では個人の生き方をそれぞれが選びとる時代が始まっている。同時に、新たな格差が生まれ、様々な次元での亀裂や分断が深まっている。社会や歴史に対する意識が揺らぎ、普遍的な理念に対する根本的な懐疑や、現実を変えることへの無力感がひそかに根を張りつつある。そして生きることに誰もが困難を覚える時代が到来している。

しかし、日常生活のそれぞれの場で、自由と民主主義を獲得し実践することを通じて、私たち自身がそうした閉塞を乗り超え、希望の時代の幕開けを告げてゆくことは不可能ではあるまい。そのために、いま求められていること――それは、個と個の間で開かれた対話を積み重ねながら、人間らしく生きることの条件について一人ひとりが粘り強く思考することではないか。その営みの糧となるものが、教養に外ならないと私たちは考える。歴史とは何か、よく生きるとはいかなることか、世界そして人間はどこへ向かうべきなのか――こうした根源的な問いとの格闘が、文化と知の厚みを作り出し、個人と社会を支える基盤としての教養となった。まさにそのような教養への道案内こそ、岩波新書が創刊以来、追求してきたことである。

岩波新書は、日中戦争下の一九三八年一一月に赤版として創刊された。創刊の辞は、道義の精神に則らない日本の行動を憂慮し、批判的精神と良心的行動の欠如を戒めつつ、現代人の現代的教養を刊行の目的とする、と謳っている。以後、青版、黄版、新赤版と装いを改めながら、合計二五〇〇点余りを世に問うてきた。そして、いままた新赤版が一〇〇〇点を迎えたのを機に、人間の理性と良心への信頼を再確認し、それに裏打ちされた文化を培っていく決意を込めて、新しい装丁のもとに再出発したいと思う。一冊一冊から吹き出す新風が一人でも多くの読者の許に届くこと、そして希望ある時代への想像力を豊かにかき立てることを切に願う。

（二〇〇六年四月）

現代世界

岩波新書/最新刊から

1936 **曾国藩** ―「英雄」と中国史 岡本隆司 著

太平天国の乱を平定した、地味でマジメな秀才。激動の一九世紀にめぐりあわせた男を、中国史が作り出した「英雄」像とともに描く。

1937 **森鷗外** ―学芸の散歩者 中島国彦 著

多芸な小説家、旺盛な翻訳家、エリート軍医、優しいパッパ。様々な顔をもつ鷗外の人生と仕事を、同時代の証言と共に辿る決定版評伝。

1938 **アメリカとは何か** ―自画像と世界観をめぐる相剋 渡辺靖 著

今日の米国の分裂状況を象徴するアイデンティティ・ポリティクス。その実相は？ トランプ後の米国を精緻に分析、その行方を問う。

1939 **ミャンマー現代史** 中西嘉宏 著

ひとつのデモクラシーがはかなくも崩れ去っていった。軍事クーデター以降、厳しい弾圧が今も続くミャンマーの歩みを構造的に解説。

1940 **江戸漢詩の情景** ―風雅と日常― 揖斐高 著

漢詩文に込められた想い、悩み、人生の悲喜こもごも……。人びとの感情や思考を広く掬い上げて、江戸文学の魅力に迫る詩話集。

1941 **記者がひもとく「少年」事件史** ―少年がナイフを握るたび大人たちは理由を探す― 川名壮志 著

戦後のテロ犯、永山則夫、サカキバラ。実名・匿名、社会・個人、加害・被害の間で大人たちは揺れた。少年像が映すこの国の今。

1942 **日本中世の民衆世界** ―西京神人の千年― 三枝暁子 著

生業と祭祀を紐帯に、殺伐とした時代を生き抜いた京都・西京神人。今に至る千年の歴史に見える、中世社会と民衆の姿を描く。

1943 **古代ギリシアの民主政** 橋場弦 著

人類史にかつてない政体はいかにして生まれたのか。古代民主政を生きた人びとの歴史的経験は、私たちの世界とつながっている。

(2022. 10)